역사가가 보는 현대 세계

역사가가

보는

현대 세계

이리에 아키라

이종국 옮김

연암서가

옮긴이 이종국(李鍾國)

일본 도쿄 대학 대학원 법학정치학연구과에서 석사, 법학박사 학위를 취득하였다. 게이오 대학 방문학자를 거쳐, 현재 한국정치학회 이사, 동국대학교 정치외교학과 겸임교수, 동북아역사재단 연구위원이다.
주요 저서로는『21세기 일본의 국가전략』,『北朝鮮と人間の安全保障』,『지방자치체 외교』등이 있고, 역서로는『20세기의 전쟁과 평화』,『모스크바와 김일성』,『북한·중국관계 60년』,『분단종식의 통일외교』등이 있으며, 「국제긴장완화의 형성과 전개」, 「한반도 신뢰 프로세스의 연구」등 다수의 논문이 있다.

역사가가 보는 현대 세계

2015년 5월 25일 초판 1쇄 발행
2018년 9월 25일 초판 2쇄 발행

지은이 | 이리에 아키라
옮긴이 | 이종국
펴낸이 | 권오상
펴낸곳 | 연암서가

등 록 | 2007년 10월 8일(제396-2007-00107호)
주 소 | 경기도 고양시 일산서구 호수로 896, 402-1101
전 화 | 031-907-3010
팩 스 | 031-912-3012
이메일 | yeonamseoga@naver.com
ISBN 978-89-94054-69-8 03900

값 15,000원

역자 서문

이 책은 하버드 대학 이리에 아키라 교수의 『歷史家が見る
現代世界』를 우리말로 번역한 것이다. 지난해(2014년) 출판된
책으로, 현대를 살아가는 우리들에게 현대 세계를 어떻게 보
고 이해하여야 하는가에 대한 저자의 관점을 제시하고 있다.

저자는 국제관계사를 전문으로 하면서 그동안 권력정치를
중심으로 전개된 20세기 국제 질서를 저술하였으나, 최근에
는 글로벌, 트랜스내셔널한 역사에 관심을 기울이면서, 특히
관계의 중요성을 강조하고 있다. 그는 과거에 주권국가라는
틀 속에서 역사를 설명하였다면, 이 책에서는 트랜스내셔널
한 부분을 강조하는 입장을 취하고 있다.

역자가 이 책을 번역하게 된 동기는 물론 개인적인 이유지
만, 불확실한 현대 세계를 어떻게 이해할 것인가를 고민하면

서 시작하였다. 먼저 동북아시아 지역에서 한·중·일 3국 사이에서 발생하는 문제는 협력기구를 만들어 놓고 정작 역사 문제 등으로 갈등이 고조되고 있다. 그리고 지구적인 차원에서 현대 세계는 과거와는 달리 많은 현상들이 우리들에게 영향을 미치고 있다. 이러한 정치, 경제, 문화적인 것들의 상호관계 속에서 발생하는 다양한 문제들을 지혜롭게 이해하기 위한 방법의 모색에 이 책이 좋은 길 안내를 해줄 것으로 기대하면서 번역을 시작하였다.

이 책은 우리에게 다음과 같은 시사점은 제시하고 있다.

첫째, 우리가 역사를 어떠한 시각에서 이해하여야 하는가라는 질문에 대한 해답을 제공하였다. 다시 말해 이 책은 전통학파들의 역사 연구를 인정하면서 새로운 역사 이해의 시각을 제공하려고 노력하였다. 즉 현실주의 해석의 한계성을 지적하면서 새로운 시각을 제시하였다는 점이다. 냉전질서 동안 진행되어 온 권력정치는 '기로의 1970년대'를 거쳐, 미국과 소련의 대립이 완화되면서 냉전종식으로 이어졌다. 이러한 현상은 전통주의 학파들이 주장하는 힘의 정치로 설명할 수 없게 되었고, 기존의 역사가 설명하지 못하는 부분에 대하여 글로벌한 역사 해석이 강조되면서 연구를 계속하는 트랜스내셔널한 현상을 강조하는 연구가 진행되고 있다. 그

러나 국제주의나 세계주의의 한계를 어떻게 극복할 것인가
의 문제가 여전히 남아 있다.

둘째로, 주권국가 시스템을 극복할 수 있는 방안을 제시하
고자 노력하였다. 현재도 국익을 중심으로 전개되는 정책들
을 보면 주권국가 시스템을 넘는다는 것은 쉬운 일이 아니다.
그러나 국가 이외의 행위자들이 중요한 역할을 하고 있으므
로, 우리는 내셔널과 트랜스내셔널한 시각의 상호관계를 이
해하면서, 현대 세계에서 지구화의 여러 현상들을 이해하여
야 할 것이다.

셋째로, 과거의 역사를 왜곡하고 잊으려는 국가와 지도자
들에게 역사 인식의 중요성을 강조하고 있다. 동북아시아에
서 역사문제는 한·중·일 3국간의 문제이면서 동시에 글로벌
한 문제로 되고 있는 상황에서 인류가 공유하는 역사에 관한
인식을 제공하고 있다. 일본의 역사 인식이 역사수정주의로
흐르는 과정에서 동북아시아 국가들과 국민들은 역사문제를
어떻게 풀어갈 것인가에 대한 고민을 하고 있다. 저자는 일본
의 역사 인식에 대하여 비판적인 입장을 취하면서, 일본만의
역사가 아니라 인류가 공유할 수 있는 역사여야 함을 강조하
고 있다. 그리고 그 방안으로 연대를 통한 역사 연구를 통하

여 여러 가지 문제가 해결 가능하다는 것이다. 기억을 공유하는 동북아시아를 어떻게 만들어 갈 것인가를 우리에게 던지고 있다.

　마지막으로, 역사의 대상이 확대되고 있으며 혹성의식과 같은 인식도 중요하다는 것을 제시하고 있다. 같은 우주에서 살아가는 인간과 자연환경은 공생하고 있다는 의식은 글로벌화의 진전으로 더욱 강조되고 있다. 또한 현대 세계는 지구화의 진전으로 인구의 이동뿐만 아니라 다양한 주체들의 관계의 틀이 확대되고 있다. 사회, 문화, 예술 등의 분야에서 하이브리드화가 진행되어 세계 각 지역에 살고 있는 사람들은 예전보다 다양화 한 환경 속에서 살아가고 있다. 이러한 지구의식에 대한 인식의 변화는 트랜스내셔널한 역사 연구를 가능하도록 하고 있다.

　여러 국제회의에서 이리에 선생님과 학문적인 교류를 지속적으로 하고 있는 역자로서는 이 책을 번역하게 되어 대단한 영광이다. 특히 지난해 선생님의 80회 생일 기념학술회의를 통하여 더욱 선생님의 학문 세계를 깊이 이해할 수 있었다.
　출판업계의 어려운 사정에도 불구하고 출판을 도와주신 연암서가에 감사드린다. 마지막으로 이 책을 초역하는 과정에서 승한, 미한, 예한의 도움이 컸다. 그들의 일본어 실력이 유감없이 발휘되어 예정보다 빨리 출판이 가능하게 되었으며, 가족이 협업하는 모습을 통해 '가족'이 모든 것의 기본임을 실제로 보여 주는 계기가 되어 기쁘다.

2015년 3월 20일
이종국

국가의 구조와 멀어지는 역사

역사 연구에 있어서 최근 하나의 특징은 국가라는 틀로부터 멀어져 가는 풍조가 보인다는 것이다. 원래 역사학이 성립한 19세기 유럽과 미국에서는, 국가라는 조직이 인간 사회의 근본적인 존재라고 여겨졌다. 따라서 과거를 탐구하는 학문인 역사는 각각의 국가가 어떻게 출현, 발전해 왔는가를 연구의 중심 주제로 한 것은 당연한 것이다.

그와 같은, 말하자면 국가 중심적인 역사학의 관심사가 국내 정치, 경제 또는 사회나 문화였다는 것은 당연하였으며, 혹은 복수의 국가 간의 비교나 관계를 주제로 하더라도, 국가라는 존재가 중심이라는 것에는 변함이 없었다. 외교사, 국제관계사라고 불리는 것이 그것이다. 세계 전체를 부감(俯瞰, high angle)하는, 말하자면 세계사의 경우에도 적어도 근대 이후 역시 국가를 중심적인 존재라고 생각하였다.

　나 자신 과거 60년 이상 역사를 배웠지만, 비교적 최근까지는 국가라는 틀 가운데 과거를 조사하는 자세를 계속 견지하였다. 내용적으로는 국가의 정치나 경제보다는 사회나 문화에 관심을 갖게 되고, 그 점에서는 전통적인 역사 연구로부터 멀어졌지만, 그렇더라도 한국, 미국, 중국, 일본과 같은 국가를 대상의 단위로 하고 있다는 것은 변함이 없다. 복수의 국가를 포함한 국제관계라든가, 지역집합체 등을 연구하는 경우에도, 국가가 근본적인 틀이며, 그 이외의 집합체는 말하자면 부속적인 것에 불과하였다.

　국가 이외, 말하자면 비국가단체(non state actors)라고 불리는 것이 역사 연구의 대상이 되게 된 것은 비교적 최근의 것이다. 물론 종교단체(교회)나 포교활동 등의 역사는 오랫동안 연구되었으며, 생산이나 소비 등의 경제적 현상도 비슷하다. 그러나 대부분은 '미국의 기독교', '일본의 기업'과 같은 특정국가의 틀로 다루어졌다. 비슷한 것은 '중국의 농민'이라든가 '인도의 카스트' 등에 대해서도 말할 수 있다.

　그와 같은 국가의 틀로 다루어지지 않는 행위자(actors)를 연구하려는 움직임이 표면화된 것은 20세기 말부터라고 말할 수 있다. 국경에 얽매이지 않는다는 의미에서 '트랜스내셔널한 행위자(transnational actors)'라고 불린다.

이번에 이종국 교수에 의해, 졸저 『역사가가 보는 현대 세계(歷史家が見る現代世界)』가 한국어로 출판되게 된 것은 나로서는 커다란 기쁨이다.

이 책은 역사를 공부해 온 내가 현대 세계의 움직임을 어떻게 이해하려고 노력하였는가에 대한 것을 저술한 것이다. 원래 역사란 과거에 관한 연구이며, 따라서 방대한 자료를 조사한 뒤 정리하지 않으면 안 된다. 그와 같은 말하자면 1차 자료의 대부분이 공개되지 않은 시대, 즉 현대에 대해 역사적인 해석을 하는 것은 불가능하다.

그러나 그럼에도 불구하고, 역사가는 과거와 현대를 연결시키는 것에 무관심해서는 안 된다. 어느 시대를 연구하든 간에, 그 시대는 현대와 어떤 차이가 있는가? 그리고 어떠한 공통점을 가지고 있는가? 과거에서 '배울' 것이 있다고 한다면 무엇인가? 앞으로의 세계는 어떻게 형성될 것인가? 그와 같은 관심사에 대해, 하나의 지표를 시사하는 것도 현대를 살아가는 역사학자의 책임이 아닐까?

그와 같은 입장에서 현대에 대해 역사적인 해석을 시도한 것이 이 책이다. 내가 읽고 쓰기도 한 '과거'는 어떻게 '현대' 세계를 구축해 왔는가? 현재 발생하고 있는 사건에는 어떤 배경이 있는가? 앞으로의 세계와 인류는 어떻게 형성될 것인가? 이 책이 그와 같은 문제를 이해하는 데 다소나마 도움이 되기를 바란다.

이 책의 제목이 보여 주듯이, 내가 관심 대상으로 하고 있는 것은 현대 세계, 즉 각각의 국가가 아니라, 말하자면 글로벌한 흐름이다. 독립 주권국가가 병립하고 있는 것이 아니라, 시민들 사이에서 국경을 초월한 말하자면 트랜스내셔널한 연계가 구축되어 있는 것이 현대의 커다란 특징이다.

한국에서도, 그와 같은 생각에 공감하는 독자들이 많이 있다는 것을 믿고 싶다. 이 책이 한국어 번역을 통해 한국 사람들에 의해 읽히고, 한국과 일본 사이, 나아가 동아시아·태평양에서 지적 공동체적인 분위기를 만들어 가는 계기가 된다면 나로서는 더 이상 바랄 것이 없다.

이 책을 읽어 주실 한국의 독자 여러분, 그리고 그것을 가능하게 해준 이종국 교수에게 진심으로 감사를 드리고 싶다.

2015년 3월
하버드 대학
이리에 아키라

들어가는 글

2014년은 1914년 제1차 세계대전이 발발한 지 100년이 되는 해로, 세계 각 지역에서 기념행사가 열렸고, 역사가들 사이에서도 많은 회의가 개최되었다. 나도 2013년 11월, 독일 뮌헨에서 현대사연구소가 주최하는 학회에 참석할 기회가 있었다.

제1차 세계대전에 관한 학술회의를 '현대사' 연구소가 주최한다는 것은 100년 전의 사건도 '현대사'의 일부라고 생각하고 있다는 것을 보여 주고 있다. 왜 그런 것일까? 독일 이외의 국가에 세계대전은 '현대'의 사건인 것일까? '현대'라는 시대가 이 전쟁을 계기로 시작된 것일까? 아니면 '현대'는 그이전부터 존재했던 것일까?

처음부터 '현대'라는 것은 무엇을 의미하는 것인가? '근대'가 어떠한 경위로 '현대'가 된 것인가? 아직까지 '현대'인 것인가? 아니면 우리는 '포스트 모던', 즉 '현대 이후'의 시기에 살고 있는 것인가?

뮌헨 회의에 참가하면서, '현대'의 의미와 역사에 대하여 생각해 보았다. 나뿐만 아니라, 다른 참가자도 제1차 세계대전과 현재의 세계와의 관계에 많은 관심을 보이고 있었다. 그러나 '현대'의 의미를 찾고, 과거(그것이 언제든 간에)와의 연관성, 또는 차이점을 명확하게 지적하는 역사가는 이 학회에서도, 학회 전체에서도, 아직까지는 거의 없어 보였다.

이 책은 '현대'의 역사를 생각하기 위한 첫 걸음으로서, 저자가 생각해 온 것을 정리한 것이다. '현대'든 '근대'든 간에 처음에 어떻게 '시대 구분'을 해야 할 것인가? 어느 시대에도 무수한 현상이 존재한다. 그 중에 어느 것에 주목하여 시대 구분의 기준으로 보아야 할 것인가?

사실 이러한 문제는 역사 연구의 기초이기도 하기 때문에, 이 책에서는 먼저 역사가(歷史家)가 특히 최근의 과거를 어떠한 시각에서 바라보고 있는지, 그 시각에서 보면 현재의 세계는 어떠한 특징을 갖고 있다고 할 수 있는지 등에 대하여 설명할 것이다. 그 다음 역사를 '읽는 방법'에 대하여 내 방식을 제공하고, 그 과정에서 '현대'가 언제 시작되었을까라는 흥미로운 문제에 대하여 독자 여러분들과 함께 생각해 보고자 한다.

차례

제1장

역사를 어떻게 인식하는가?

1. 역사가의 눈에 비친 현대 세계

언제부터 '현대'인가?

'현대'는 무엇인가? 세계의 역사는 언제부터 '현대'에 접어들었는가? 역사를 배운다는 것은 그러한 시대 구분을 생각하는 것이기도 하다.

문제는 무엇을 시대 구분의 기준으로 정하느냐이다. 바로 생각나는 것은 전쟁이나 혁명과 같은 큰 사건으로 구분하는 방법일 것이다.

예를 들면 오늘날 학계에서 가장 권위 있는 역사가 중 한 명인 케임브리지 대학의 크리스토퍼 베일리(Christopher Alan Bayly)의 역저 『근대의 탄생(*The Birth of the Modern World, 1780-1914: Global Connections and Comparisons*)』은 1780년부터 1914년까지의 세계사를 다루고 있다. 즉 프랑스 혁명 전날부터 제1

차 세계대전 발발까지가 '근대'라는 해석이다.

이 견해에 따르면, 1914년 이후는 '근대 이후' 또는 '현대'라고 할 수 있다. 그렇게 되면, '현대'는 제1차 세계대전에 의해서 시작되고, 제2차 세계대전, 그리고 냉전으로 이어지는 '전쟁의 시대'라는 것이 된다. 이러한 이야기를 들으면 현대는 확실히 전쟁의 시대라는 생각이 들지도 모른다.

그러면 냉전 종결 후의 세계를 어떻게 바라보아야 하는 것일까? 그것은 '현대'가 아닌 것일까? 처음부터 시대 구분을 전쟁의 유무만으로 정하는 것은 타당한 것일까?

최근 간행된 에밀리 로젠버그(Emily S. Rosenberg)가 쓴 『연결되어 가는 세계(A World Connecting: 1870-1945)』(2012)는 19세기 후반부터 제2차 세계대전이 끝나는 20세기 중반까지의 세계사를 설명한 책으로, 이 시기의 역사를 전쟁과 국제 위기라는 틀 안에서 판단하는 것을 피하고, 세계 각지가 기술적으로도 경제적으로도 연계되어 있었다는 것을 주요한 주제로 삼고 있다.

"들어가는 글"에서 언급한 제1차 세계대전에 관한 뮌헨의 학회에서도 거의 모든 학자가 지금까지와 같은 전사(戰史) 중심이 아닌, 또는 전쟁이 이어진 4년 동안만을 주제로 다루는 것도 아닌, 19세기 말기부터 20세기 전반까지 사회와 문화의 흐름에 관심을 보였다. 이것은 지금까지의 역사학의 동향을 보여 주는 좋은 예라고 생각된다.

전쟁의 역사라고 해도, 개전 과정이나 양진영 간의 전략·전술, 정전으로부터 강화회의로 이어지는 길 등은 이미 연구가 거의 끝났다고 느껴진다. 최근에는 세밀한 부분에 걸쳐 전사(戰史)보다 유럽 여러 국가의 사조, 세계 전체의 경제, 사회의 움직임 등 더욱 큰 흐름에 관심을 갖는 학자가 보이기 시작했다. 그러한 여러 가지 주제를 거슬러 올라가면서 세계대전을 다시 바라보는 경향은, 전문가들 사이에서 역사를 인식하는 방식이 바뀌고 있다는 것을 보여 주고 있다.

세계대전으로 제한하지 않고, 다양한 사실을 새로운 틀 속에 귀속시켜 가고, 또는 지금까지 주목받지 못했던 현상을 연구 대상으로 한다. 이 책의 과제도 그러한 시각을 통하여 현대의 역사를 생각해 보는 것이다.

'현대를 배운다'는 것은 '현대를 탐구한다'는 것이기도 하다. 우리는 '19세기'와 '20세기'와 다른 '현대'에 속해 있는 것일까? 그러한 의미에서의 '현대'는 어디서 찾아볼 수 있는가? '현대'는 언제 시작되었는가?

이러한 문제에 대하여 아직 학계에 정설이 있는 것은 아니다. 현재 진행 중인 연구 주제이다. 이 책에서의 시도도 계속해서 발표되는 역사 연구의 업적을 참고하면서, 나름대로 '현대'라는 미스터리에 접근해 본 것이다.

냉전 사관冷戰史觀의 한계

'현대'란 무엇인가를 생각하기 위한 문제 제기로 '냉전 사관'이라고 불리는 인식 방법을 검토해 보고 싶다. 그것은 '냉전 후'의 세계를 '냉전기'의 세계와 나누어 생각하고, 냉전의 종결이 '현대'를 가져왔다고 바라보는 시각이다.

얼른 보기에는 굉장히 알기 쉽다. 제2차 세계대전 이후 오랫동안 이어진 냉전이 1990년 전후에 종결되었다는 것은 확실히 중요한 사실이다.

그러면 '냉전 후'라는 것은 무엇을 의미하는 것일까? 그것은 전쟁이 아닌 평화의 시대라고 말할 수 있는 것인가? 만약 평화의 시대라고 말할 수 있다 하더라도, 그러한 '평화'는 어떤 것인가? 19세기의 평화와는 어떻게 다른 것인가? 등 여러 가지 문제가 제기된다.

더 근본적으로는 앞서 설명했듯이, 세계의 역사를 전쟁의 유무로 시대 구분을 하는 것은 과연 적절한 방법일까? 그것은 '전쟁 결정론적 사관' 혹은 '강대국 중심사관'이라고도 해야 할 것이지만, 뮌헨에서 열린 학회에서도 볼 수 있었듯이, '전쟁'이라고 해도 실제의 전투뿐만 아니라, 그 전후(前後)의 사회, 문화 등도 고려하지 않으면 균형 잡힌 역사 이해로는 되지 않는다.

냉전 시대도 동일하다. 만약 1940년대 말부터 소련이 붕괴한 1991년까지를 냉전의 시기라고 하더라도, 이 반세기 가까운 기간 동안에는 그러한 간단한 틀에 들어가지 않는 현상들이 산더미같이 많다.

예를 들어, 식민지 지배의 종식을 들 수 있다. 그것은 패전국인 일본, 독일, 이탈리아뿐만 아니라 전승국인 영국, 프랑스, 네덜란드, 미국 등에도 적용되는 것이지만, 필리핀이 독립한 1946년이나 인도, 파키스탄이 독립한 1947년에는 미국과 소련의 대립은 아직 결정적인 것으로 되어 있지 않았다. 즉, 냉전과 관계가 없는 것이다.

그 이후, 1950년대, 1960년대를 통한 식민지의 해방이나 '신흥 국가'의 형성은 역사상 매우 획기적인 사건이었다. 그 모두를 냉전의 틀 속에서 이해할 수는 없다. 그리고 장기적으로 보면, 아시아, 아프리카, 중·근동 등의 독립국가에 의한 '제3세계'의 출현 쪽이 '강대국' 간의 대결보다 중요한 현상이었다고 할 수 있다.

요컨대, '냉전 후'라는 시대 구분은 거의 어떠한 의미를 가지고 있지 않다고 볼 수 있다.

그럼에도 불구하고 흥미롭게도, 신흥 국가의 국가 수립의 기반이 된 '발전(Development)'이라는 개념은 미·소 냉전보다 훨씬 빠르고, 1930년대에 국제연맹 등에서 상식화되고 있었다는 사실이 최근의 연구에서 밝혀졌다.

그리고 제2차 세계대전이라는 전례 없는 규모의 파괴와 비극을 넘어선 후, 세계 평화의 회복, 그를 위한 경제의 발전, 복지의 증진 등을 의미하는 '발전'의 개념은 미·소 냉전에 관하여 자주 사용된 '위협의 균형'이나 '봉쇄'와 같은 상투적인 말보다도 더욱 영향력이 있는 것이었다.

역사의 다양한 내실內實

앞서 설명한 바와 같이, '냉전 후' 미국이 '세계 유일의 초대국'이 되었다든가, 현재는 '미국과 중국의 패권 경쟁'의 시대라고 하는 견해에 대해서도 적용된다. 이 두 견해는 지정학적, 현실주의적 해석이다.

그러나 현대사(現代史)의 이해에 도움이 안 된다는 것은, 예를 들어 미국과 중국 양국이 세계 제1, 2의 경제 대국으로서 상호의존적인 상태에 있다는 것을 생각하면 알 수 있다.

다시 말하면, 미·중 관계라는 것이 국가나 정부뿐만 아니라, 다수의 미국인, 중국인에 의해 구성되어 있다는 것을 인식해야만 한다. 무역뿐만 아니라 금융, 관광, 교육 등의 측면에서 그들은 밀접한 관계를 만들고 있다.

더구나, '미국인' 중에는 100만이 넘는 중국인이 포함되어 있다. 단순하게 국가 단위로 미·중 관계를 이해할 수 없다. 경제, 사회, 문화 등의 면에서 미국과 중국은 많은 부분을 공유하고 있다. 그러한 현상을 이해하는 과정에서, '냉전 후'라는 시대 구분은 무의미할 것이다.

또는 '냉전 후'의 세계에서 테러 세력이 결정적인 영향력을 가지게 되었다는 주장도 있다.

2001년 9월 11일 알카에다에 의한 뉴욕, 워싱턴 동시 테러 사건은 심각했으며, 그 이후 중·근동, 동남아시아 등에서도 테러 사건이 끊이지 않고 있다. 그러나 테러에만 주목하면, 동시에 존재하는 많은 사건이나 움직임을 경시(輕視)하게 될 가능성이 있다.

예를 들어 9·11사태가 발생한 2001년은 UN이 '문명 간의 대화의 해'로 정한 해였다. 문명의 상호 이해, 그것은 유네스코가 오랫동안 추진해 온 프로젝트였다. 그런데도 비슷한 활동은 1920~30년대 국제연맹 내부의 국제지적협력위원회에 의해서도 이루어져 왔다. 즉, 테러리즘과 비교하면 확실히 폭넓은 활동이고, 그것은 9·11 테러에 의해서도 타격을 입지 않았을 뿐만 아니라, 한층 더 활발하게 활동이 이루어졌다. 이런 현상을 고려하지 않고, 현대의 세계를 언급할 수 없다.

이렇게 보면, '현대'라고 해도 실로 많은 움직임과 흐름이 있고, 그 중 일부를 다루고 그 역사를 되돌아보는 것이 '현대사'라고 단정 지을 수 없다는 것을 알 수 있다.

'현대적' 현상과 그렇지 못한 것의 구분

그러면 어떻게 나누어 볼까?

'현대적'인 움직임도 반드시 최근에 나타난 것은 아니라는 점은, '발전'과 '문명 간의 대화'라는 개념이 오래 전부터 존재하고 있었다는 점으로부터 알 수 있다.

즉, 역사에는 동시에 진행 중인 많은 흐름이 존재하고, 그 중에서 몇 가지는 '현대 세계'의 형성에 기여하고 있는, 말하자면 미래 지향적인 것이지만 대부분은 과거의 유산일 뿐이다. 이 두 가지의 구별을 명확하게 하는 것이 현대사 연구의 출발점이기도 하다.

그렇기 때문에 구분을 하기 위해서 어떻게 해야 하는가? 무엇인가 방법론적인 틀이 필요하다. 역사를 바라보는 틀을 만들고, 그 안에서 더욱 '현대적'인 현상과 그렇지 못한 것을 나눈다. 그리고 현대적인 현상이 어떻게 현재까지 이어져 왔는지를 생각한다. 그러한 작업을 하면서, '현대'의 기원, 즉 세계의 역사가 '현대'에 접어든 것이 언제인지를 찾는다. 이 책의 의도는 그러한 점에 있다.

역사 연구의 변화

20, 30년간, 특히 1990년대 이후 역사 연구의 동향에 큰 변화가 일어났다. 단적(端的)으로 말하면, 지금까지 국가 중심의 역사가 연구 대상이었던 것에 반해, 최근에는 더욱 광범위한 틀(대서양, 태평양 등), 또는 세계 전체를 시야에 넣은 서술이 많아지고 있다.

나는 이러한 흐름에 대하여 2012년 작은 책(*Global and Transnational History: The Past, Present, and Future*)을 영국에서 출판하고, 세계 각지의 역사학자들이 모여서 의견을 교환하기도 했기 때문에, 그것은 개인적인 인상이 아닌 많은 학자의 생각이기도 하다고 판단된다.

나는 1953년 미국의 대학에 입학한 이래 60년 가까이 역사를 공부해 왔다. 대학이나 대학원에서 영국, 미국, 중국 등의 '국가'의 틀 안에서 역사를 바라보았다. 그 이후 1980년대 말까지는 몇 몇 국가들 간의 관계(외교사, 국제관계사)를 전문으로 연구하거나 지도하기도 했으나, 국제관계라고 해도 그 근본은 주권 국가이고, 특히 '강대국'이라 불리는 것이 중심이었다.

내가 그러한 틀을 벗어나, 국경을 초월한 사람과 사람 간의 관계, 전 세계, 전 인류의 관심사 등을 시야에 넣게 된 것은 비교적 최근에 들어서였다. 즉, 나 자신의 역사 연구도 학계 전체의 풍조를 반영하고, 1990년대 이후 새로운 단계로 접어들었다고 할 수 있다.

이러한 시각은 영어로 global, transnational이라는 단어로 표현되고 있다. 국가가 아닌 지구(global)를 틀로 삼는, 그리고 국가 간(International)의 관계가 아닌 국경을 초월한 트랜스내셔널한 연계에 주목하는 것이다.

글로벌 사관의 특징

글로벌 그리고 트랜스내셔널적인 시각에서 역사란 무엇인가?

이 양자에게 공통적인 것은, 첫째 세계 전체의 움직임을 파악하려는 자세, 둘째 국가나 문화 등의 경계를 넘어선 사람 간의 관계를 파악하려 한다는 점, 셋째 같은 지구에 생존하는 자연환경도 역사 연구의 시야 속에 포함시킨다는 것이다.

이러한 시각은 지금까지의 역사 연구와 다른 문제의식을 제공하는 것이며, 역사로서의 현대를 생각하기 위하여 많은 참고가 되기 때문에 조금 자세히 설명하고자 한다.

먼저, '세계 전체의 틀에서 바라보아야만 역사가 존재한다'는 인식이다. 물론 고대부터 인류 역사는 전 세계에 살고 있는 인간의 역사이며, 그 자체는 어쩌면 새로운 시각은 아니다. 그러나 국가별의 역사(일본사, 중국사, 미국사 등)는 세계의 역사라고 할 수 없다. 단적으로 말해서 인류의 역사는 하나뿐이다.

그렇지만, 인류의 모든 역사라 하더라도, 각지에서 발생한 사건을 막연히 나열해서는 의미를 갖지 못한다. 인류의 역사는 지구에 사는 사람들 간의 관계 혹은 연계(전 세계를 잇는 네트워크, 만남, 관계, 공유되는 사상이나 태도, 또는 마찰 등)를 시야에 넣어야 한다.

이것이 글로벌 사관의 두 번째 특징이며, 단지 막연하게 인류를 생각하는 것이 아니라, 각 지역, 각 사회의 사람들이 상호 연계하고, 그리고 재연계되는(연계를 반복하는) 과정을 거친다. 다시 말하면, 과거의 역사를 인간 간, 사회 간의 연계를 통해서 이해한다.

그리고 세 번째는 지구에 사는 인간뿐만 아니라, 대기도 해양도 동식물도 '생태계'(에코 시스템)를 형성하고 있기 때문에 '환경사'도 역사 연구의 대상이 된다는 인식이다. 인류를 형성해 온 에코 시스템, 인간에 의한 자연 파괴, 또는 양자 간의 공존공영의 시도 등은 '혹성사(惑星史)'라고 부를 수 있을지도 모른다. 이것은 인간 간, 또는 국가 간의 관계 등과 비교하여 우열을 가리기 힘들 정도의 중요성을 가지고 있다.

이러한 특징을 가진 글로벌 역사관을 통해서 과거를 바라보면, 지금까지와는 다른 역사가 보일 것이다. 그리고 그 시야에서의 역사는 '현대'를 생각하는 데도 매우 많은 시사(示唆)점을 가지고 있을 것이다.

글로벌 역사 중의 제1차 세계대전

예를 들어 제1차 세계대전을 글로벌한 시각에서 바라보면 어떨까?

그렇게 되면 유럽의 강대국 간의 세력 다툼이라는 군사적인 측면뿐만 아니라, 당시의 세계에서 국가 간의 대립 이외의 식민지 지배자와 피지배자, 서양과 비서양, 백인종과 유색인종, 또는 남성과 여성 간에 많은 거리감이 존재했다는 점이 보이기 시작한다. 지구 전체가 몇 가지의 대립하는 인간 집단으로 나누어져 있었던 것이다.

세계대전은 이러한 인류의 균열을 한층 더 깊게 만들 가능성을 가지고 있었다. 그 과정에서 식민지 지배―예를 들어, 대영 제국에서의 영국인과 인도인, 또는 남아프리카인과의 관계―가 어떻게 변했는지를 알아보면, 전 세계가 더욱 더 분할되어 버릴 가능성을 가지고 있었는지 알 수 있을 것이다. 제1차 세계대전을 단순하게 독일과 영국, 또는 러시아와 오스만 제국이 싸운 사실(史實)로 이해하는 것만으로는 불충분한 것이다.

게다가 또한 당시의 자연과학, 인문과학 등의 움직임을 보면, 전쟁의 역사와는 다른 흐름에 주목할 수 있다. 무력을 이용한 항쟁이 국가 등의 인간 집단을 분열시켜 놓고, 연계를 약하게 만드는 반면, 학문은 국경을 초월함으로써 의미를 갖는 작업이다. 양쪽 모두 '사실(史實)'이지만, 지금까지의 국가 중심의 사관에서는 국익이나 국가 간의 대립이라는 주제만이 영향력을 갖고 있었다.

반면에 글로벌한 시각은 인간과 인간, 사회와 사회가 교류하고, 상호 의존적으로 발전하는 과정을 중시한다. 그러기 때문에 전쟁과 같은 큰 사건이었다 하더라도 글로벌한 흐름 속에서 바라보면 과학의 진보 혹은 상호의존성의 증가라는 주제와 비교하면 그렇게 큰 의미를 가지지 못한 것으로 되어 버린다.

다시 말해, 지금까지의 역사 인식에서는 국가의 발전이나 국가 간의 항쟁과 같은 주제가 중심에 자리 잡고, 그 결과 외교나 전쟁으로 비중이 기우는 경향이 있었다. 그러나 글로벌한 사관을 도입하면, 국가보다 전 인류, 분열보다 상호의존이 주된 틀이 되어 간다. 이 책에서도 그러한 시각에서 과거와 현재를 뒤돌아보고, 인류의 연계의 족적을 알아봄으로써 '현대'를 해석하고자 한다.

세계를 연결하는 '역사'

이러한 글로벌한 역사는 '역사'를 보편적인 것으로 만드는 것이 아닌가? 즉, 세계 각지의 사람들을 연계할 가능성이 있는 것이 아닌가?

일본에서는 역사 인식(歷史認識) 문제라는 것이 자주 언급되고, 주변 이웃 국가들 간 과거의 기억에 큰 차이가 있다고 지적되고 있다. 그러나 그것은 국가별 역사로 다루어지기 때문이다. 실제로 존재하는 것은 '세계의 역사'이며, 그러한 의미에서 인류의 역사는 하나이다. 그리고 그것은 모든 사람들이 공유하는 것이다. 역사가 세계를 분단하는 것이 되어서는 안 된다.

역사를 공유하는 것은 글로벌한 시야를 통하면 쉽게 달성할 수 있다. 여러 국가, 여러 지방, 여러 민족 간의 연결을 찾아보고, 그 기록을 함께 공유하는 것이다. 지금까지 그러한 공유가 어려웠던 것은 국가 중심적인 역사가 영향력을 갖고 있었기 때문이다. 글로벌한 역사는 글로벌하게 서로 공유할 수 있는 것이다.

역사가의 책임

본론으로 들어가기 전에 한 가지 더 언급하자면, 현재 일본은 관계(연계)의 기록으로서의 역사를 의식하는 것이 중요하다고 생각한다.

1953년부터 오늘에 이르기까지 60년간, 나는 주로 미국에서 역사를 배우고, 연구를 해왔지만, 학문이나 진리에는 국경이 없다는 신조를 계속 가지면서 살아왔다. 학자나 독자의 국적, 성별, 연령 등에 관계없이, 동일한 입장에서 배우고 같은 생각을 전하는 것이 역사가의 책임이라는 생각은 지금도 변함이 없다.

이 책도, 다른 언어로 번역되어 어느 나라 사람이 읽게 되더라도 현대사 이해에 도움이 되었으면 한다. 단지 이러한 책을 먼저 일본에서 간행하기로 한 것은, 일본의 정치와 언론의 경향이, 보수적 특히 편협한 국가주의(내셔널리즘)로 기울면서 이러한 역사 해석이 영향력을 확대해 나가고 있는 것처럼 인상을 받고 있기 때문이다.

예를 들어, 현재 일본에는 '전후 일본'으로부터의 탈피(脫皮)를 주장하는 정치가나 평론가가 적지 않다. 그들은 패전 후 점령기의 개혁, 신헌법, 그 이후의 민주화, 남녀 평등, 평화주의 등에는 부정적이고, '국가 주권'이나 '자주헌법'을 축으로, 새로운 방향으로 일본을 이끌어가려고 한다. 그 과정에서

'자학적 역사관'을 배제하고, 자신들의 국가의 과거에 자부심을 가질 수 있는 역사를 젊은 세대에게 전해야 한다고 주장한다.

그러한 자국 중심적인 역사관은 어느 나라에서도 볼 수 있는 현상이다. '국가'란 요컨대 '지리'(경계)와 '역사'(과거관)를 공유하는 사람들의 집합체라고 설명되지만, 그런 점에서 세계에 복수의 국가가 존재하는 한, 자국 중심의 역사의식은 피할 수 없을지도 모른다. 존재하는 국가의 수만큼 별개의 '역사'가 존재할 수 있다.

그러나 '국가의 역사'와 '세계의 역사'(또는 '인류의 역사')는 동일하지 않다. '일본인의 역사'는 '인류의 역사'와는 별개다. 자신들의 국가의 역사를 독선적인 해석으로 이해하는 것에 만족하는 것은, 편협한 내셔널리즘을 조장할 뿐만 아니라, 현실 세계에서 고립된 의식을 넓히게 될 것이다.

이 책을 통해서 전하려고 하는 글로벌한 틀 속에서 바라본 현대의 세계는, 뿔뿔이 존재하는 독립 주권 국가보다는 국가 간의 관계(연계), 내셔널보다는 글로벌적인 움직임, 국적보다는 '지구인'으로서의 의식을 만들어 내려고 하는 것이다.

일본인이 그러한 흐름을 부정하고 국가 중심의 생각에 사로잡혀 있는 것은, 현대의 세계를 배척하는 것과 같다. 그리고 세계에 등을 돌리는 것은 사실 일본의 '국익' 그 자체에도 역행한다. 일본의 존재도 '국익'도 모두 세계 속에서 공존하고 공유해야만 의미를 가지기 때문이다.

또한 동시에, 일본 자체 그리고 일본인 자체도 언제나 변화하고 있다는 것을 인식할 필요가 있다. 영구불변의 국가나 순수 민족과 같은 것은 어디에도 존재하지 않는다. '옛것이 좋다'고 생각하는 일본에서조차, 계속해서 변화하고 있었고, 현대에는 어떤 나라도 항상 세계의 다른 국가와 국민과 관계되어 있으며, 섞이고 '혼혈화(混血化)'되고 있다. 다시 말하면 '잡종화(雜種化)'되고 있다고 말할 수 있다. 그 흐름을 정지시키거나, 처음부터 존재하지 않던 '순수(純粹)'한 과거로 돌아가게 하려고 하는 것은 역사를 신화로 바꾸는 것이라 할 수 있다.

이 책은 그러한 관점에서 세계의 사람들이 공통적으로 이해할 수 있는 현대의 역사를 찾는 것을 근본적인 목적으로 하고 있다.

2. 왜 역사를 바라보는 시각이 변했는가?

세계사世界史와 글로벌 히스토리global history 사이

앞서 말한 대로, 역사가는 지금 글로벌 히스토리(세계의 역사), 그리고 휴먼 히스토리(인류의 역사)라는 틀에서 과거로부터 현재까지의 움직임을 파악하려 하고 있다. 인간 간의 국경을 초월한 국제적 연대가 세계를 그만큼 작게 만들고 있다. 현대 세계사를 배우는 것은 그 과정을 밝히는 것이기도 하다.

물론 글로벌 역사의 시야를 '현대 이전'에 적용시키는 것도 가능하다. 고대나 중세라고 불린 시대에서도 세계 각지는 다양한 형태로 연결되어 있었다. 육로, 해로를 통한 무역, 종교의 보급, 또는 민족 간의 대립이나 정치 집단의 군사적 진출이나 식민지의 형성 등은 끊임없이 사람들을 연결 지어 왔고, 그런 교류의 장으로서의 세계를 만들어 냈다.

그런 의미에서 인류의 역사는 항상 '세계의 역사'였다고 볼 수 있다. 특히 세계 각지의 접촉이나 교류가 교통, 통신 기술의 발달을 위해 비약적으로 증가한 1900년 전후에, '세계사'를 주제로 하는 저작이 발표되기 시작했다는 점도 이해할 수 있다. 예를 들어 영국의 작가이자 평론가인 H. G. 웰스(Herbert George Wells)나 역사가인 아놀드 토인비(Arnold Joseph Toynbee) 등은 20세기 초부터 세계사를 주제로 많은 책을 썼다. 1960년대에 접어들면, 캐나다 출신인 미국 학자 윌리엄 맥닐(William H. McNeill)이 『서양의 부흥(*The Rise of the West: A History of the Human Community*)』이라는 인류사를 간행했다. 토인비와 맥닐은 세계사 연구의 원조에 해당하는 존재이다.

그러나 흔히 말하는 세계사는 글로벌 히스토리와 반드시 동일한 것은 아니다. 현대의 많은 역사가가 월드(세계)보다는 글로벌이라는 단어를 더 선호한다는 것도 이러한 사정을 반영하고 있다.

세계사라고 하면 세계의 국가, 지역, 문명 등을 총괄한다는 인상을 주지만, 글로벌 히스토리를 추진하는 학자의 대부분은 몇 가지의 주제를 선정하여 역사의 움직임을 알아보고자 한다. 그 안에서도 교류, 연대, 혼합 등에 초점을 맞춘 것이 많다. 그러한 문제의식을 가진 역사가가 세계 각지에서 활약하기 시작했다. 세계의 역사란 교류, 연대, 혼합이 반복된 역사라고 보는 사관은, 지금 글로벌한 움직임이 되어 가고 있다.

역사학의 발자취

이미 언급한 대로, 이러한 역사관이 전 세계에 많은 영향력을 미치게 된 것은 비교적 최근, 1990년대 이후의 일이다. 그리고 이러한 현상 자체가 현대사의 하나의 특징이 되고 있다. 역사관은 무슨 이유로, 어떻게 변화해 왔는가? 역사학의 경과를 나 자신의 경험을 바탕으로 설명해 보고자 한다.

1953년 미국으로 유학 간 나는 처음부터 국제적인 견해를 가지고 있던 것은 아니다. 당시 유럽과 미국의 역사학계에도 그러한 풍조는 정말로 그렇다고 할 정도는 아니었다. 역사 연구는 국가 단위의 연구가 대부분이었고, 나도 학부에서는 주로 영국사, 대학원에서는 미국사와 중국사를 공부했다.

어떤 역사를 배운다고 하더라도, 기본적인 연구의 태도·방법이나 학문적 업적의 평가의 차이가 존재하는 것은 아니다. 그렇기 때문에 어떤 국가의 학자, 학생과도 교류를 할 수 있는 것이다. 각 국가의 정치, 사회, 종교 등을 문헌에 기초하여 심도 있게 조사하고, 동시에 학설의 변화를 고려하고, 자신만의 새로운 공헌을 하려고 노력하는 자세는 현재에도 유익하다.

다만 당시, 그리고 그 후 수십 년간, 역사 연구의 틀은 국가를 단위로 하고 있었다는 것은 확실하다. 학자의 관심이 정치사에서 경제사, 더 나아가 사회사, 또는 문화사 등으로 이동하는 변화는 있었으나, 전문 분야는 미국 정치사, 독일 사상사, 중국 경제사와 같은 국가를 대상으로 한 경우가 대부분이었고, 대학의 역사학부에도 미국사, 영국사, 러시아사 등의 전문가들이 재직해 있었다.

유럽사나 동아시아사를 강의하는 학자도 있었으나, 그것은 유럽이나 동아시아를 종합적으로 바라보는 것이 아니라, 각각의 지역을 형성하는 각 국가에 대하여 연구하는 것이었다.

1960, 70년대에는 주로 미국 외교사를 연구하거나 가르치고 있었던 내가, 더욱 광범위하게 글로벌한 움직임에 관심을 갖게 된 것은 1980년대 후반부터였다.

외교사, 즉 국가 간의 관계를 기본으로 하는 외교 문서를 바탕으로 역사를 돌아보는 것은 역사 연구에서 가장 오래 전부터 존재했던 분야이지만, 그 기초에 있는 것이 개별의 국가라는 점은 변함이 없다. 그러므로 미국 외교사도 미국사의 일부로 인식되고 있으며, 나 자신도 '미국 전문가(Americanist)'로 알려져 있다.

외교사는 복수의 국가의 정책을 연구하는 것이기 때문에

'국제관계사'라고 불러야 한다는 의견도 있었으나, '국제'라고 해도 국가와 국가 간의 교류를 뜻하는 것이고, 국가 단위의 역사인 것에는 변함이 없었다.

그러한 국가 단위의 역사 연구가 급격하게 변하기 시작한 것은, 1990년대에 접어들어서였다. 국가 중심의 '내셔널 히스토리'에서 국제 사회를 시야에 넣은 '인터내셔널 히스토리', 그리고 세계 각지, 인류 전체를 연구 대상으로 하는 '글로벌 히스토리'로 흐름이 조금씩 강해지고 있다는 것을, 나 자신도 실감했고, 그러한 움직임 속으로 점점 흡수되어 가게 된다.

유럽 중심의 역사에 대한 반성

이러한 새로운 움직임을 배경으로 여러 가지 원인을 예상할 수 있으며, 첫 번째는 인터내셔널이나 글로벌이라는 형용사에 잘 나타나 있듯이, 지금까지의 역사 연구가 유럽 중심으로 기우는 경향이 있었고, 인류의 대부분을 차지하는 비서양 세계도 서양사와 관련시켜 취급되는 경향이 있었다는 반성이다. 유럽과 미국의 세계는 실제 세계가 아니라는 인식이다.

그러한 반성은 일부 학자(특히 젊은 역사 연구자)들 사이에서는 이미 1960년대 후반 베트남 반전 운동과 관련하여 나타나기 시작했다. 대국의 의지로 아시아의 소국의 운명을 좌우하는 베트남 전쟁에 대한 반대 운동의 일부가 '근대화 노선' 비판으로 이어졌다. 아시아와 아프리카의 그들의 운명을 유럽 대국의 마음대로 움직이려는 정책에 대한 반발이 결국은 서양 중심의 역사 인식 자체에 대한 비판으로 이어졌다.

근대화라는 틀 속에서 아시아와 중동, 아프리카 등의 국가의 역사를 생각하는 것은, 근대 유럽의 역사를 모델로 하는 것이기 때문이다. 그 모델을 비서양 지역에 적용하는 것은 지적 제국주의가 아닐까? 일부 역사가가 그렇게 생각하기 시작했다. 일본사의 존 다우어(John W. Dower)나 중국 공산당사의 마크 셀던(Mark Selden) 등 젊은 학자가 차츰 영향력을 확대해 나간 것도 1960년대 말부터 70년대에 이르는 시기였다.

그리고 1970, 80년대에는 근대뿐만 아니라 전통적 문화조차도 서양에서 바라본 이미지가 그대로 진리인 양 받아들여지고 있었다는 반성도 나타나게 된다. 소위 말하는, '오리엔탈리즘'에 대한 비판이다. 이것은 팔레스타인 출신의 비교문학자 에드워드 사이드(Edward Said)가 제창하기 시작했고, 그 이후 빠르게 세계 각지에 퍼져나갔다. 그것은 서양의 척도에서 동양을 바라보는 역사관, 문명관을 뒤엎고, 더욱 지구 규모의 시각으로 세계의 역사를 다시 바라보고자 하는 움직임이었다.

이러한 흐름의 연장으로서, 1990년대에는 유럽을 '상대
화'하고, 세계 각지를 시야에 넣고 역사를 새로운 시각으로
배우자는 글로벌한 역사관이 급속하게 영향력을 강화시키고
있었다.

서양을 '디센터decenter'하다

내가 대학에서 배운 역사도 유럽이나 미국이 중심이었다.
그러한 사실은 시대 구분, 즉 고대로부터 중세, 근세, 근대로
이행되는 과정을 서양의 역사를 통해 인식하였던 것으로부
터도 알 수 있다.

그리고 아시아 등의 역사를 생각할 경우에도 고대 그리스,
로마에서 시작하여 중세 봉건주의, 그리고 르네상스와 종교
개혁을 거쳐 근대화가 시작되고, 현대로 이어진다는 틀을 그
대로 도입하는 경우가 많았다. 예를 들어, 중국에서도 이와
같은 시대 구분을 적용하여, 유럽과 대비하면서 중국의 발전
을 생각하고, 왜 중국에서는 근대화가 늦었는가? 반면에 일
본에서는 비교적 쉽게 근대 국가가 성립되었는가라는 문제
의식이 역사 연구를 움직이고 있었다.

그것은 너무 유럽 중심적인 사관, 문제의식이지 않느냐는
비판은 주로 젊은 학자들 사이에서 나타났다. 시간이 지나면

서, 우리 세대도 그 흐름에 물들어왔다. 이렇게 하여 '유럽 중심주의(Eurocentrism)' 비판, 즉 유럽을 세계의 중심(센터)으로 하고 인류의 역사를 생각하는 것에 대한 반성은, 유럽의 역사가 사이에서 차츰 큰 흐름이 되었다.

동시에 비서양의 역사가로부터도 서양을 '탈중심(de-Center, 중심으로부터 벗어나게)'으로 하여야 하며, 세계의 역사 해석에 대해서 서양의 역사학을 특권화해서는 안 된다는 의견이 많아지고 있다. 구체적으로는 아시아, 아프리카, 그리고 유럽인 도래 이전의 미국이나, 오스트레일리아 등을 시야에 넣고 시대의 추이를 파악하고자 하는 것이다. 거기서 유럽의 역사를 '상대화'하고, 반대로 터키, 인도, 중국 등을 중시하는 세계사도 만들어지고 있다.

인류의 대다수를 무시한 '세계사'

유럽 중심적인 사관을 취하면 근대사나 현대사도 국가 단위의 역사로 치우치기 쉽다. 17세기 이후, 특히 18세기 중반 이후의 세계사를 국가 중심으로 파악한 것은 근대 유럽에서 주권 국가가 성립하고, 각국의 정치나 경제, 그리고 국가 간의 관계가 각국의 역사에 중요해졌기 때문이다.

그러나, 아시아 그 이외의 지역에도 같은 틀을 적용하려고 하면, 매우 편협적인 역사 이해밖에 할 수 없게 된다. 그러한 반성도 최근의 글로벌 사관의 출현과 관계가 있다.

그 좋은 예는 '강대국'을 중심으로 세계의 움직임을 파악하는 역사관에 대한 비판이다. 왜냐하면 유럽의 '열강'을 통해 근·현대의 역사를 해석하면, 인류의 대다수는 무시되어 버리기 때문이다. 유럽과 미국의 한정된 국가가 군사 대국이 되고, 해외 식민지를 획득, 경영하는 과정에서 국제적인 긴장감이 고조되었다. 그리고 실제로 20세기에는 두 번의 세계대전이 발발하고, 수억 명의 사람들이 희생되었다. 그 희생자의 다수가 아시아, 중·근동, 아프리카, 남미, 태평양 제도 등의 사람들이었음에도 불구하고, 그들의 관점은 강대국 중심의 역사에서는 전혀 고려되지 않았다.

나아가 근본적으로는 국제관계, 특히 지정학적인 현상('강대국의 흥망', '전쟁의 기원', '전후의 세계 질서' 등)을 통해서 세계의 역사를 배우는 것에도 문제가 있다. 국가 간의 관계에는 군사, 전략, 또는 식민지 경영 등 이외에도 경제, 문화 등의 관계가 존재한다. 그리고 국경을 초월하여 다양한 종류의 만남, 접촉도 있으며, 국가라는 틀과 다른 인종이나 문명끼리의 접촉도 있다. 그 모든 것이 세계이며 역사인 것이다.

물론 지금까지도 문명사론적인 역사관은 존재했다. 그것은 세계의 역사를 몇 개의 문명의 대두나 쇠퇴의 역사로 파악하는 견해이다. 단, 그러한 견해의 대부분은 문명 간의 대립이나 충돌이라는 개념에 한정되어 있었다. 특히 유명한 것은 제1차 세계대전 후 출판된 오스발트 슈펭글러(Oswald Spengler)의 『서구의 몰락(The Decline of the West)』이고, 세계의 역사는 서양 문명의 대두와 융성, 쇠약을 통해서 알 수 있다는 견해는 20세기 말 화제가 된 새뮤얼 헌팅턴(Samuel Huntington)의 『문명의 충돌(The Clash of Civilizations and the Remaking of World Order)』에서도 답습하고 있다. 이 책은 21세기 세계의 행방을 서양 대 비서양이라는 도식 안에서 파악하려 했으나, 전통적인 개념을 넘어선 것은 아니며, 진부한 논의를 제공할 뿐이었다.

반면에 글로벌 히스토리의 틀에서는 충돌이 아닌 접촉, 혼합 등이 중요시되기 때문에 개개의 문명의 흥망보다는 인류 사회 그 자체의 문명의 흐름이 주목된다. 세계의 민족, 문명은 예로부터 별개로 존재하고 있었던 것이 아니라, 언제나 서로 관계하고 있었다는 시각이다.

이러한 과정을 거쳐서 글로벌 사관이라고 말하는 것이 20세기 말 조금씩 영향력을 증가시켰고, 그 흐름은 지금도 이어지고 있다. 그것은 근본적으로 세계 자체가 더욱 글로벌화되었기 때문이고, 역사가도 늦게나마 자신을 글로벌한 세계의 일원으로 인식하게 되었다고 할 수 있다.

역사가로서의 글로벌화

나 자신도 1980년대 말부터 조금씩 이 흐름에 녹아들었다.

그때까지는 주로 근·현대사를 국제관계사의 틀에서 바라보고, 특히 동아시아나 태평양에서 미국·중국·일본 등의 관계에 초점을 맞추고 있었다. 1960년대에는 제1차 세계대전 후의 미·중·일 관계에 대한 연구서를, 70년대에는 20세기 초의 미·중·일 관계에 대한 연구서를, 그리고 80년대에는 제2차 세계대전 당시의 미·중·일 관계에 대한 연구서를 발표했다. 모든 연구서가 외교 자료나 개인 문서(私文書)에 근거한 말하자면 전통적인 연구였다.

그러나, 이러한 연구를 계속하는 가운데, 조금 더 넓은 틀 속에서 국제관계를 바라볼 수 없을까라는 생각을 하게 되었다.

하나의 계기가 된 것은 1986년부터 1년간 파리의 고등연구원에서 '미국·동아시아 관계사'에 관한 강의를 하게 되었을 때였다. 그때 미국·동아시아 관계사(이른바 환태평양 역사)도 대서양 등과 연관시킬 필요가 있지 않을까라는 생각을 하고 있었다. 외교 정책이나 전략뿐만 아니라, 사상과 사회의 움직임에도 주목하는 국제사(인터내셔널 히스토리)를 생각할 수는 없을까? 비슷한 단어로 헷갈리기 쉽지만 국제관계사가 아니라 '국제사'이다. 이때 나 자신의 연구의 글로벌화가 시작되었다고 할 수 있다.

그 예가, 1986년 일본어로 쓴 『20세기의 전쟁과 평화(二十世紀の戰爭と平和)』(한국어판은 1999년 출판)라는 책이다. 나는 이 책에서 전쟁과 평화는 단순히 국가 간에서 발생하는 현상이 아니라, 시민의 사상과 문화와 연관되어 있다는 점을 강조했다.

국제관계라는 틀에서 파악할 수 없는 경제의 흐름, 사상의 움직임, 문화 간의 접촉, 사회의 변동 등이 겹쳐져 세계가 만들어진다. 그것이 인터내셔널 커뮤니티이며, 전쟁과 평화도 그러한 맥락 속에서 파악되어야 한다. 그리고 그와 같은 '국제 사회'에서 벗어나 국가 간에 전쟁이 발생하게 될 경우, 이 두 현실을 어떻게 관련짓고 이해해야 하는가를 연구해야 하는 것도 역사학의 임무일 것이다. 그러한 문제의식을 나는 그 이후 계속 가지고 있었다.

미국 역사학회 회장으로서 연례대회에서 '역사학의 국제화'라는 주제로 연설했던 것도 이 시기였다(1988). 나는 글로벌한 시야에서 역사를 배우는 중요성과 특히 국경을 초월하여 사람과 사람의 관계에 주목할 것을 주장했다.

국경을 초월하여 사람과 사람의 관계는 국가 간의 대립이나 분쟁 사이에 있는 '예외적인 현상'이 아니다. 오히려 국가 등이 존재하지 않았던 시대로부터 오늘에 이르기까지 국경을 초월한 관계야말로 인간 사회의 '근본적인 현상'인 것이다. 그리고 지금까지 특별하게 다루어져 왔던 전쟁 등은 이틀 안에서 파악되어야 할 것이다.

글로벌한 역사관의 출현

이러한 시점이 반드시 필요하다고 생각하는 역사가에게 글로벌 사관의 출현은 마치 야구에서 적시타와 같았다.

내가 '글로벌 히스토리'라는 단어를 사용하게 된 것은 비교적 늦은 시기였으며, 이 분야가 소수의 역사가가 제창하기 시작한 1990년대 초기, 나는 그 학문적인 의미를 바로 이해할 수 없었다. '글로벌'이라는 단어를 조금씩 사용하기는 했으나, 당시는 아직 전 지구, 전 인류적인 역사의 파악에서 멀리 떨어져 있었다는 점은 인정할 수밖에 없다.

내가 처음으로 글로벌한 국제관계사를 쓴 것은 1997년 『문화 국제주의와 세계 질서(*Cultural Internationalism and World Order*)』라는 영문 책에서부터이다(후에 시노하라 하쓰에(篠原初枝)의 번역으로 『권력 정치를 넘어서(權力政治を超えて―文化國際主義と世界秩序)』라는 제목으로 일본에서도 출간되었다).

국제주의라는 단어는 국경을 초월한 협조를 의미하고 있

으나, 그 경우 국가 간이라기보다는 시민 사회 간, 그리고 국제연합 등의 조직을 통해서 추진되어야만 글로벌하고 휴먼적인 움직임이 될 수 있다. 또한 세계 질서도 단순하게 국가 간의 세력 균형이나 긴장 완화뿐만이 아니라 시민 간의 상호 이해와 교류가 있어야만 견고한 것이 된다. 적어도 그러한 믿음을 가진 사람들이 19세기 이래 민간 운동을 활발하게 만들어 왔고, 20세기의 비극적인 전쟁에도 굴하지 않고 희망을 버리지 않았다.

나는 이러한 흐름은 통상적인 국제관계사에서는 대부분 무시되고 있지만, 문화적인 뒷받침이 있어야 세계 질서도 전 인류의 복지에 공헌할 수 있다는 생각을 주장하고 싶었다. 그 후 같은 문제의식이나 연구 주제를 가진 역사가가 세계 각지에 나타난 것은 큰 기쁨이었으며, 행운이었다.

2002년에는 같은 분석 틀에서 『글로벌 커뮤니티(*Global Community*)』라는 책을 썼다(일본판도 같은 제목으로 몇 년 후 간행되었다). 거기에서 내가 중요시한 것은 국경을 초월한 각종 조직(공사公私 구분하지 않고)에도 주목하지 않으면 현대 세계를 이해할 수 없다는 점이다. 말할 필요도 없이, 현대의 세계를 형성하고 있는 것은 국가만이 아니다. 수많은 국가 이외의 조직도 그 활동을 시야에 넣어야만 한다.

이미 최근에 접어들어 각 지역의 대학이나 연구 기관에서도 '글로벌 스터디'(글로벌한 틀에서 현대의 세계와 사회를 배운다)에 관한 프로그램을 개발하고 있다. 이 흐름은 더 이상 멈출 수도 없고 멈춰서도 안 된다.

트랜스내셔널과 내셔널의 상호관계

그러나 글로벌 히스토리라는 시각에서 역사를 생각한다 하더라도, 구체적으로 어떤 현상에 주목하고, 어떤 문제점을 분석하면 현대 세계를 이해할 수 있을 것인가? 역사학자 사이에 정설이 있는 것은 아니다.

역사가들 중에는 여전히 냉전사의 틀에 갇혀 현대를 냉전 후의 세계로 인식하는 역사가도 적지 않다. 현대 세계라고 불리는 것이 나타나기 시작한 1990년 전후는 냉전이 종결된 시기와 겹쳤다. 단지 이것은 '냉전이 끝났기 때문에 현대가 되었다'는 것이 아니라 '현대의 글로벌한 움직임의 하나로 냉전이 종결되었다'고 인식해야 한다.

냉전 사관이 시대에 뒤떨어져 있는 한편에서 경제의 글로벌화를 시대 구분의 기초라고 주장하는 견해는 최근에 많은 학자가 받아들이고 있다. 이러한 현상은 중요하기 때문에 다음 절에서 언급하겠다.

그리고 제2장부터는 장을 나누어 현대의 글로벌한 현상

중에서 몇 가지, 특히 '트랜스내셔널' 및 '휴먼'적인 현상에 초점을 맞추고 생각해 보고자 한다. 트랜스내셔널한 현상에는 경제의 글로벌화뿐만 아니라 이민, 피난민 등의 인구 이동, 인권이나 환경 문제에 대한 세계적인 관심, 지역 공동체의 성립 등 다수가 있다. 이 책에서는 그러한 현상을 분석하면서 그것이 국가라는 존재에 어떤 영향을 미치는지에 대해서도 생각해 보고자 한다.

미리 말해 두지만, 글로벌이나 트랜스내셔널이라 하더라도, 그것은 국가의 존재를 부정하는 것이 아니다. 세계 각지에서 국가라는 형태의 집합체는 여전히 존재하고 있으며, 그 중에는 '국가' 중심주의, 즉 내셔널리즘을 외치며, 국가에 대한 충성을 모든 인간의 가장 중요한 의무라고 생각하는 국가도 있다.

그러나 그런 국가조차도 국경을 초월한 글로벌한 흐름이나 인간적 감정을 말살할 수 없다. 글로벌한 현상이 국가의 역할이나 성격을 어떻게 변화시켜 가는가는 현대 세계의 중심적인 관심사의 하나이다. 그렇기 때문에 트랜스내셔널과 내셔널적인 것의 상호관계를 분석하는 것은 현대사를 배우는 데는 가장 중요한 것이라고 생각한다.

3. '현대'의 기원

글로벌화의 기원

글로벌한 역사관의 근본은 세계 각지가 분리되어 존재하는 것이 아니라, 다양한 형태로 서로 연관되어 이어져 있다는 견해이다. 그 중에서도 경제면에서의 관계는 현대 세계를 특징짓는 것이라고 인식되고 있다. 현대는 기본적으로 경제적 글로벌화의 시대라는 것을 뜻한다.

그러면 그 기원은 언제부터인가? 또 경제의 글로벌화(Globalization, 사람, 물건, 재화의 지구 규모의 교류)는 역사적으로 어떠한 의미를 가지고 있는가? 그리고 글로벌화된 세계는 지금까지의 세계와는 어떻게 대비되는가?

물론 인간이나 물건의 광범위한 관계, 네트워크로서의 글로벌화는 최근 시작된 것은 아니다. 먼 옛날, 세계 각지의 사회 간 교역이 시작된 시점으로부터, 경제면에서의 글로벌화는 등장하였다고 할 수 있다. 그러나 그 흐름이 질적으로나 양적으로도 세계적인 규모가 된 것은 역시 최근 수십 년 사이의 일이라는 것이 글로벌 현대사에 대한 시각이다.

그러나 역사가들 간에는 현대의 글로벌화는 유럽 국가의 '근대화'가 가속화하기 시작한 19세기로 거슬러 올라가야 한다고 생각하는 사람도 있다. 즉 글로벌화도 근대화의 일환으로 생각하는 것이다. 특히 19세기 후반이 되자, 전신 전화의 발명이나 철도의 보급, 그리고 해운 기술의 진전으로 세계의 거리가 가까워지고 '선진 문명국'으로부터 '전통적', '미개'한 국가로 무역이나 투자가 전례가 없을 정도로 증가 추세를 보였다. 이 단계에서 글로벌화는 본격적인 움직임이 되었고, 그것이 현재의 글로벌화로 이어졌다는 것이다.

그러나 이 현상을 만들어 낸 것은 유럽이나 북미 국가들 사이에 한정되어 있고, 서양의 경제 진출과 글로벌화 (Globalization)를 동일시할 수는 없다. 글로벌화는 그 명칭대로 세계적인 규모일 것이다. 일부 '근대 국가' 또는 '문명국'에 한정되어서는 안 되는 것이다. 산업화든, 통상의 발전이든, 또는 해외 투자의 확대든, 유럽과 북미 국가들이 대부분 독점하고 있었던 19세기 말부터 20세기에 걸쳐서 문자 그대로의 글로벌한 글로벌라이제이션은 존재하지 않았다.

제국주의 대 글로벌화

제국주의, 식민주의라는 불평등한 관계는 전 인류를 지배자와 피지배자(또는 문명국과 미개국)라는 두 가지로 나누는 것이며, 경제의 글로벌화와는 근본적으로 다른 현상이었다. 그것은 제국주의는 그 이후 대부분 사라졌음에도 불구하고, 글로벌화는 한층 진전됐다는 사실로부터 알 수 있다.

그것뿐만이 아니다. 19세기 말 시작된 유럽과 미국 주도형의 글로벌라이제이션은 진정한 의미에서 글로벌한 현상이 되기 전에 중단되었고, 그것이 반글로벌한 흐름 때문에 역행하기 시작한다.

그때까지 국제 통상 무역이나 투자의 90% 이상을 독점하고 있었던 유럽과 미국 국가들은 1910년대에는 전쟁을 시작하고, 20년 후에는 일본을 포함하여 강대국이 두 번째 전쟁에 전 세계를 끌어들였다. 그 결과, 경제의 글로벌화는 좌절되어, 거의 소멸해 버렸다. 각국이 각 각의 자원을 투입하여 서로의 경제력을 파괴하려는 상태에서 글로벌라이제이션이 진행되지 않았던 것은 당연하다. 제국주의가 세계의 글로벌화를 방해했던 것이다.

더군다나 선진 국가들은 1929년 시작하는 대공황을 경험하고, 1930년대에 접어들면서 예외 없이 보호무역정책을 전개하고, 특정 지역을 대상으로 경제적인 블록을 만들었다. 국제 무역이나 투자를 추진하고 있던 국가도 글로벌화에 역행하는 정책을 채택했다. 예를 들어, 영국을 중심으로 연방 여러 국가들은 역내에서 거의 자유무역제도를 채택하였으나, 그 이외의 국가에 대해서는 관세율을 높이고, 미국도 중남미 여러 국가들과 호혜적 관세제도를 채택하고 있다.

이러한 반 글로벌화라고도 불리는 현상은 제1차 세계대전이 발발하는 1914년부터 제2차 세계대전이 종결하는 1945년, 그리고 각국이 전후 혼란기부터 벗어나는 1950년대 전반까지 40년 동안 이어졌다.

글로벌화 Globalization 의 이륙

1950년대가 되면 제2차 세계대전을 경험하고 최강의 경제 대국이 되어 있었던 미국 주도하에 글로벌화로 향한 길이 다시 한 번 열렸다.

당시는 이미 기존 식민지의 대부분이 붕괴, 또는 붕괴 직전의 상태였기 때문에 글로벌화의 장애물이 되고 있던 제국주의의 힘도 약해졌다. 그것을 대신해서 세계 각지에 '문호개방'을 추구하는 미국의 선도로 세계 각지를 무역이나 투자를 통해서 연계시키려는 분위기가 고조되었다. 이것은 제국주의와 분리된 글로벌라이제이션의 추구였다.

더욱이, 냉전을 미국과 소련의 제국주의적 대립이었다고 보는 것도 가능하다. 양국은 두 '패권 국가'로 핵무기와 재래식 무기의 확장을 도모하고, 세계 각지를 사실상 양분해 버렸다. 그러한 점에서 20세기는 전쟁의 시대라는 일반론은 세기의 후반에도 적용되고, 미국과 소련이 새로운 '제국'으로서 세계 각지에서 대립을 이어 갔다는 점은 제국주의의 시대가 아직 끝나지 않았다는 것을 시사하고 있었다.

그러나 냉전기의 신제국주의는 이전의 제국주의와 같이 글로벌화(Globalization)의 흐름을 막지는 못했다. 반대로 1950년대 이후, 글로벌화의 흐름은 또다시 강해지고, '재글로벌화'의 흐름을 만들어 냈다. 이 현상은 때에 따라서 냉전 이상으로 세계 각지에서 다양한 변혁을 만들어 냈고, 1970년대에는 현대사를 형성하는 가장 중요한 요소가 되어갔다.

뒤돌아보면 당시 세계는 제2차 세계대전 이후의 역사를 만든 것은 냉전이라는 지정학적·신제국주의적 현상인가 혹은 재글로벌화라는 경제적인 움직임인가라는 큰 기로에 직면하고 있었을 지도 모른다.

그런 의미에서 현대 세계는 글로벌화가 냉전보다 우위에 섰던 시점에서 시작되었다. 바꾸어 말하자면, 제2차 세계대전 이후의 신제국주의는 글로벌화의 흐름을 멈출 수 없었다는 것이다.

글로벌화의 2단계

제2차 세계대전 이후의 글로벌화를 촉진한 것은 브레턴우즈 체제(Bretton Woods System)라고 불리는 국제경제체제였다. 이것은 1944년 미국의 뉴햄프셔 주의 브레턴우즈에서 개최된 국제회의의 결정에 따른 것이며, 전후의 국제 무역, 투자, 개발 원조 등의 구조를 만들었다.

미·소 냉전 시대에도 미국은 이 체제를 지켰다. 그것은 냉전 전략을 위해서가 아니라, 경제의 글로벌화가 미국에도 전 세계에도 필수 불가결하다고 판단되었기 때문이다. 그리고 전후 국제 경제가 차츰 회복되고, 발전함에 따라서 미·소 간의 긴장도 완화되어 갔다. 그것이 명백해지는 것은 1970년대였으며, 글로벌화가 신제국주의(新帝國主義)에 대하여 우위에 서는 시점이었다.

다만 전후 초기의 재글로벌화가 미국의 주도하에 진전되었던 것은 틀림없다. 그것은 브레턴우즈 체제를 지탱하는 자금의 대부분이 미국의 지출에 의한 것이었다는 사실로부터 알 수 있다. 그런 의미에서 전후 세계의 경제적 글로벌화는 미국 제국주의의 승리를 나타낸 것이었다고 할 수도 있으며,

더 극단적으로는 글로벌화라는 것은 요컨대 미국화를 뜻하며, 미국 지배의 세계 질서와 동의어라고 주장하는 설도 있다. 그러나 그것은 글로벌한 시점을 배제한 것이며, 이 책이 비판하는 일국 중심적인 견해이다.

글로벌화와 미국 지배가 같지 않다는 것은 1970년대를 돌아보면 잘 알 수 있다. 냉전의 긴장이 완화되기 시작하고, 차츰 그 종결로 다가가는 이 시기는 국제 경제에서 미국의 절대적 우위가 위협받기 시작했던 시기이기도 하다.

조금씩 진전하는 재(再)글로벌화가 유럽이나 일본의 경제 발전을 가져왔고, 이는 미국의 상대적 지위를 저하시키고, 국제 정치에서 소련의 지위가 약체화해 가는 등 시기가 같았다. 즉 제국주의에 대하여 글로벌화가 우위에 서기 시작했다는 것을 뜻한다. 지정학적으로는 '유일한 초강대국'이 된 미국이었으나, 글로벌 경제에서는 더 이상 그런 지위를 유지할 수 없었던 것이다.

20세기 후반의 재글로벌화에는 미국 주도의 시기와 미국 이외의 국가들(특히 비유럽·미국 국가들)이 글로벌화 촉진의 역할을 맡게 되는 1970년대 이후의 2단계가 존재하는 것이다.

글로벌 경제의 도래

글로벌화를 미국이 주도하던 1950년대부터 70년 무렵까지 일본을 예외로 하고 비서양 국가는 아직 글로벌 경제 속에 포함되어 있지 않았다. 일본조차 보호관세제도에서 완전히 벗어나지 못했었고, 해외여행도 1964년까지 자유화되지 않았다. 외화의 매입이나 사용이 무제한으로 된 것은 더욱 늦었으며 1979년이 되어서였다.

또한 동·서 양진영 사이에서 제한 된 경제적 교류는 있었으나, 그것은 자유로운 교역과 거리가 멀었다. 미국과 중국(1949년 공산당 정권이 수립되고 나서 소련과 동맹관계를 맺었다) 간의 직접적인 무역이나 투자가 제로에 가까웠던 것은 대표적 사례이다. 이러한 사례는 냉전이 경제의 글로벌화를 제한하고 있었다는 것을 의미하지만, 그럼에도 불구하고 영국이나 일본은 중국과 무역을 지속하고 있었으며, 국제 무역의 총액은 1950년대 전반에 이미 제1차 세계대전 직전의 수준을 넘어서고 있었다.

1970년대에 들어서자, 국제 경제는 말 그대로 글로벌한 것이 되었다. 먼저 프랑스, 독일, 일본 등이 눈에 띄게 경제가 발전하였고, 그것을 지탱하는 대미 수출도 증가하는 한편, 반대로 미국에서는 1890년대 이후 처음으로 대외 무역 적자가 기록되었다. 그것은 필연적으로 미국 달러의 상대적 가치를 내리게 되었고, 국제 경제에서 미국의 절대적 지위를 유지하는 것이 어려워졌다. 반대로 말하자면, 글로벌화가 이전보다 더욱 글로벌한 것이 되었다는 것을 뜻한다.

이러한 경향은 그 이후에도 가속도적으로 계속되었다. 한국, 대만, 홍콩 등이 경제력을 높이고, 1980년대에 들어서면 중국, 그리고 90년대에는 인도, 그리고 브라질, 인도네시아 등의 국가들이 세계 경제의 중요한 멤버로 나타났다. 21세기 초반이 되면, 국제 무역이나 투자액의 총계에서 일부 비서양 국가들과 서양 선진국이 어깨를 나란히 하는 정도가 되었다.

예를 들어, 2004년의 수치를 보자. 그 해 세계 전체의 총 수출입액은 18조 달러를 넘었으나, 미국은 그 중에 2조 3천억 달러를 차지했고, 여전히 세계 최대의 무역국이었다. 그것에 이어 독일은 1조 6천억 달러를 기록했으나, 이미 세계 제3위의 지위를 차지하고 있었던 중국도 홍콩을 포함하면 거의 비슷한 액수, 4위인 일본은 1조 달러, 12위인 한국도 5천억 달러에 가까웠다. 무역액으로 세계 상위 30개국 중에는 멕시코, 싱가포르, 대만, 말레이시아, 태국, 사우디아라비아, 인도, 브라질, 터키 등이 포함되어 있었다.

해외 직접 투자(해외에서 기업의 설립이나 경영)에서는 여전히 미국이나 일부 유럽 국가(영국, 프랑스, 네덜란드)가 우위를 유지하고 있었으나, 세계 합계 중에서 점유율은 조금씩 떨어지고,

일본, 한국, 중국, 싱가포르, 브라질 등의 비율이 상승하였다.

2006년 통계에서 일본의 해외 직접투자액은 총액의 3.5%를 차지하고, 홍콩을 포함한 중국은 4.2%가 되어 있었다. 오스트레일리아, 남아프리카, 인도 등도 서서히 해외 투자를 확대하고 있었으며, 경제의 글로벌화는 단순한 미국화(Americanization)나 유럽 중심의 근대화와도 다르며 글로벌한 현상이 되고 있었다.

사람의 글로벌화

글로벌화가 진정한 의미로 글로벌한 것이 되기 위해서는 물건, 재화, 사람의 흐름을 전 세계 규모로 바라보아야 한다. 물건, 재화, 사람은 글로벌한 장소에서 순환하고, 국경을 초월하여 밀접한 관계를 갖게 되고, 생산과 소비를 세계 규모로 만든다. 물건과 돈에 대해서 이러한 현상을 가능하게 만든 것은 다수 국가에서의 관세 삭감이며, 각국 간의 외환 시장의 자유화였다.

그러면 사람의 글로벌화는 어떠한가?

기업가가 더 저렴한 노동력에 매력을 느껴 외국으로 생산이나 서비스의 장소를 이동시키고, 한편 노동자는 좀 더 높은 급여를 원하여 선진국으로 이동한다는 것이 사람의 글로벌화의 패턴이다.

19세기 말부터 20세기 중반까지의 글로벌화는 그런 의미에서 매우 제한적인 것이었다. 유럽으로부터 미국 대륙이나 오스트레일리아로 또는 중국으로부터 아시아의 다른 지역으로 대규모의 이동은 있었으나, 유색인종의 노동자가 유럽 국가로 이동하는 것은 불가능에 가까웠다.

이러한 상태가 변하기 시작한 것은 1960년대 이후 미국, 캐나다, 오스트레일리아 등이 이민법을 개정하였기 때문이다. 그러한 움직임에도 이주의 자유화가 완전히 실현되지 않았으나, 20세기부터 21세기로 바뀌는 시점에서 사람의 글로벌화는 현대사에서 가장 중요한 현상 중의 하나로 인식되게 되었다.

이러한 글로벌한 관계가 경제적 측면뿐만 아니라 정치적인 의미를 가짐과 동시에 문화면에서의 변화를 가져온다. 그것에 더해 국제관계도 점점 새로운 형태를 갖게 되었다. 그러한 변화를 통해서 현대 세계의 역사를 이해할 수 있다.

이어서 장을 나누어 이러한 현상을 생각해 보고자 한다.

제2장

흔들리는 국가

1. 국가라는 존재

글로벌한 관계 속에서

세계의 역사를 글로벌한 관계를 통해서 분석하면, 그런 관계는 국가라는 존재나 그 성격에 어떤 영향을 미칠 것인가?

각 국가 내에는 많은 인간관계, 또는 국가 권력과 민중 사이의 연결이 생기고 있다. 또한 국경을 초월하여 개인과 각종 그룹도 이어지고 있으며, 물론 정부 기관 간의 교류도 있다.

말하자면 외교(外交)라는 관계와 국가 간의 공적인 관계가 있으나, 그 이외에도 수많은 사적 또는 비공식적인 교류가 있고, 한편 국내의 '내교(內交: 내치)'라 불리는 네트워크도 존재한다. 그러한 복잡한 관계가 뒤엉켜서 세계를 형성하고 있는 것이고, 국가라는 존재도 그런 상태 속에서 의미를 가지고 있다.

글로벌한 관계가 양적·질적으로 확대하는 흐름 속에서 국가라는 정치조직도 조금씩 변해 왔는가? 아니면 본질적으로는 별로 변하지 않았는가? '내교'와 '외교'는 어떤 연관성이 있는가? 본래 지구(글로브)라는 수없이 많은 네트워크가 존재하는 세계에서 국가의 존재는 어떤 의미를 가지고 있는가? 그리고 그것이 어떻게 변해 왔는가? 이 장에서는 이러한 주제를 생각해 보고자 한다.

국가라는 절대적인 존재

본래 각각의 인간에게 중요한 것은 가족이나 지역사회에서의 수많은 관계이다. 게다가 자신의 인종, 직업, 학업, 예술활동, 계급 등의 관계가 있다. 남성이 정치와 경제를 지배하는 사회에서 여성들의 그룹이 줄어들었다. 국가와의 관계는 이러한 다양한 관계의 하나에 지나지 않는다.

그러나 19세기 이후, 지구에 사는 인간 대부분에게 국가와의 관계가 가장 중요한 것이 되었다. 국가는 태어나서 죽을 때까지 자신의 권리나 의무, 개인의 근본적인 틀을 부여하는 존재이다. 자신이 어느 국가의 국민(시민)인가가 다른 모든 관계보다도 중요해진 것이다.

국가라는 존재는 어떤 특정 장소의 행정기구를 의미할 뿐만 아니라 그 장소에 사는 사람들에게 일정한 개념이나 감각(感覺)마저도 공유하게 하는 것이었다.

바꾸어 말하면, 국가란 지리(경계선)와 역사(과거)로 정의되는 인간 집단이다. 육지와 바다뿐만 아니라 하늘에조차 경계가 그어지고, 그 선으로 나누어진 영역의 어느 쪽 사람인가에 따라 어느 국가 시민인지가 정해진다. 국가의 통제는 모두 시민 및 국적이라는 ID(신분증)는 그들에게 가장 기본적인 기록이 된다. 또한 같은 국토에 사는 것은 고향을 공유하는 것이고, 오랜 시간 동안 앞선 세대가 만들어 낸 역사를 공유하는 것이기도 하다.

국가들 중에는 중국과 같이 수천 년간 존재해 온 국가도 있으며, 대다수의 '신흥 국가'와 같이 건국 이후 수십 년밖에 되지 않은 국가도 있다. 그러나 어떤 국가든지 각각의 지리와 역사를 통한 관계가 존재한다는 원칙(단순한 '신화'일지도 모르지만)이 있다.

물론 국내에는 시민 이외의 외국인이나 난민과 같은 무국적인 사람도 살고 있다. 시민과 비시민과의 관계는 복잡하지만, '이민의 나라'라고 불리는 미국을 통해서 알 수 있듯이, 어느 단계에서는 외국인도 귀화하여 시민이 되고, 국가의 지리나 역사를 자신들의 것으로 생각하게 되는 것이 일반적인 현상이었다. 그러한 의미에서도 국가라는 단위는 많은 사람들에게 다른 관계들과 비교하여 절대적인 존재였다.

보편적인 모델로 변화

모든 국가는 영어로 Nation State라고 불리며, 시민 사회 (nation)와 관료, 군대, 경찰 등의 권력 기구(state)라는 두 가지로 구성되어 있다.

후쿠자와 유키치(福沢諭吉)는 일찍이 일본에는 국가가 있고 nation이 없다는 글을 남긴 적이 있으며, 그것은 메이지(明治) 초기 일본에 중앙, 지방의 행정 제도가 발달하여 '국민'을 통합하는 한편, 시민의식, 즉 횡적인 유대가 아직 약하다고 한탄한 것이다.

물론 사람들 사이에서 전통적으로 다양한 네트워크가 있었다. 그러나 한 국가의 주민으로 관계되는 의식이 없으면, 강권적 독재주의적인 정치 체제를 가져오게 될 우려가 있다. 반대로 그러한 의식이 있어도, 그들을 지킬 법질서 등의 네트워크가 발달하지 못한 국가는 통일 국가로서 존속하기 어렵다. 현대의 중·근동이나 아프리카의 일부에서 볼 수 있는 현상이다.

정부 기구와 시민 사회가 함께 작용해야만 처음으로 근대 국가가 성립하게 된다. 그리고 19세기 이후의 세계에서는 그러한 조직이 인간 사회의 근본적인 존재로 인정된다.

그것은 물론 서유럽의 여러 국가를 모델로 했을 뿐이다. 남북전쟁 이전의 미국은 중앙 정부와 군대가 존재하여도, 노예제 문제 등에 관한 보편적인 국민 감정이 존재하지 않았던 국가였으며, 반대로 독일과 같이 사상적 심리적 관계가 자연스럽게 통일 정권으로 발전하지 못한 경우도 있었다.

그러나 1870년대 이후가 되면, 미국과 독일은 말할 것도 없이 유럽 이외의 지역에서 비슷한 nation state가 모델이 되기 시작한다. 일본, 중국, 남미 국가들 이외에 식민지화되어 있었던 인도, 이집트 등에서도 비원(悲願)이었던 독립을 달성한 이후 역시 비슷한 근대 국가 형성을 목표로 삼기 시작했다.

각 국가에서 중앙 정부, 사법 기구, 경찰 등이 국내 치안을 유지하고, 군대가 국경을 방위하고, 지방행정이 시민의 일상 생활을 지킨다. 그리고 국민은 선거를 통해서 국정에 관여함과 동시에 세금을 지불하고 유사시에는 외국과 싸울 의무를 갖는다. 공교육 제도를 설립하고 모든 어린이들이 최소한의 읽기, 쓰기가 가능하게 함과 동시에 역사, 지리 교육을 통해서 애국심을 고취시켜 간다. 이러한 모델이 세계 각지로 확산되었다.

종교 네트워크와 국가

관계의 역사를 되돌아보기에 앞서서, 흥미로운 문제는 그렇게 만들어진 근대 국가가 국내외에 존재하는 수많은 네트워크와 어떤 관계를 구성하였는가라는 점이다. 국가와의 관계 이외에는 배척하였는가? 아니면 국내 질서 속에 적극적으로 포함시키려 하였는가? 국외에서 만들어진 여러 가지 관계를 환영 또는 이용했는가? 아니면 무시, 배제하려고 했는가?

이것은 오늘날까지 세계 각국이 대응에 곤란해 하고 있는 문제이며, 시대와 지역에 따라서 다양한 대응이 있었다. 특히 '비정부 조직(NGO)'과 국가와의 관계는 복잡하고, 이러한 현상에 관해서는 다른 장에서 생각해 보고자 하다.

여기서는 정치와 종교와의 관계를 설명하고자 한다. 근대 국가가 탄생하기까지 서양에서는 기독교가 가장 광범위하고 영향력 있는 네트워크를 형성하고 있었다. 중·근동과 아시아 각지의 이슬람 또는 불교에 대해서도 동일했다고 할 수 있다. 그러한 종교의 네트워크가 '세속 국가'와 어떠한 관계를 만들어 갈 것인가? 정치와 종교의 관계는 중세 이래, 오랜 동안 유럽에서 큰 문제가 되어 있었다.

그러나 근대 국가가 탄생하자, 아무리 종교라 하더라도 특정 국가 속에 존재하는 이상 그 법률에 규제 당하게 되고, 신자도 시민으로서의 의무를 지녀야만 했다. 때에 따라서는 교회가 적극적으로 국익의 증진에 노력하기도 했다.

하지만 한편에서는 정교 분리의 원칙, 즉 국내의 통치와 행정은 '세속적'인 것이며, 시민의 대부분이 믿는 종교와 선을 그어 구분해야 한다는 원칙도, 근대 유럽 국가의 대부분에서 볼 수 있었다. 19세기 나타난 유럽 국가들은 모두 기독교 국가였으나, 신자도 동시에 시민이었고, 시민과 정치와의 관계는 '외적'인 것이며, '내적'인 '마음'의 문제와 구분되어 있었다.

즉, 종교와 정치라는 두 개의 인간관계가 함께 존재했던 것이며, 확실하게 구분되어 있지 않았다. 양자 간의 긴장감은 예를 들어 병역 문제에서 볼 수 있다. 국가의 명령이라 하더라도 다른 사람을 죽이는 것은 종교적 신조에 반하는 것이라고 하였으며, 종군(從軍)을 거부한 퀘이커 교도에 대하여, '양심적 병역 거부자'로서 병역 이외의 의무가 부여되는 제도가 나타난 것은 그 예라고 할 수 있다. 이것은 시민의 정치적 관계와 종교적 관계가 조화를 이룬 좋은 예이지만, 모든 국가가 그런 제도를 만들었던 것은 아니다.

끊어지지 않는 국가로의 꿈

어쨌든 간에, 20세기 초 그와 같은 특징을 가진 nation

state가 유럽과 미국을 시작으로 중남미와 아시아, 중·근동 등의 일부를 포함하여 약 50개국 정도가 존재하고 있었으며, 독립 주권 국가라고 불렸다. 그리고 모든 독립국은 자신의 내정에 관해서 외국의 간섭을 받지 않으며, 행정, 법질서, 경제 활동 등은 국내의 법규에 따라서 행해져야 한다는 원칙이 근본적인 명제였다.

당시, 그와 같은 독립국에 속하고 있었던 것은 전 인류의 일부(4분의 1 정도)에 지나지 않았으며, 대다수는 식민지나 외국의 '세력 범위' 속에 있는 상태였다. 그러나 동시에 식민지 해방 운동도 활발해지면서, 언젠가 자신들의 국가를 가질 수 있다는 꿈은 사라지지 않았다. 그리고 그들 중 대부분은 제2차 세계대전에서 독립을 달성하고, 1970년대에 접어들었을 때 전 세계에 200개 가까운 국가가 존재하게 되었다.

물론 오늘날에도 여전히 자신들의 독립 국가를 갖지 못한 사람들도 있다. 팔레스타인이 그 중에서 가장 분명한 사례지만, 그 이외에도 예를 들어 터키나, 이라크에 사는 쿠르드인, 중국 국경 내에 병합되어 있는 티베트, 위구르 등, 하나의 민족으로서 자신의 국가를 갖고 싶다고 생각하여 계속 운동하는 사람들이 많이 있다.

그들에게는 쿠르드인, 또는 티베트인으로서의 관계는 국가라는 틀 속에서 진정한 의미를 갖게 된다. 그럴 정도로 국가라는 존재가 인간의 네트워크 속에서도 가장 중요하다고 생각되고 있으며, 18세기 이후의 유럽의 역사가 세계의 근거가 되고 있기 때문일 것이다.

그러나 그와 같은 상태는 언제까지 이어질 것일까? 수많은 인간관계 속에서 특정 국가와 시민의 관계가 모든 것에 우선한다는 현상은, 다른 관계와 비슷하게 인위적인 것이 아닌가? 시간이 지나면, 국가 권력과 대중의 관계도 약해질 가능성도 있지 않은가?

역사가 가르쳐 주듯이, 독일의 나치나 이탈리아의 파시스트, 또는 소련의 공산당 정권과 같은 중앙 집권적인 정치 체제는 붕괴하였다. 즉 국내의 네트워크 형성을 독점하려고 했던 국가 권력은 오래가지 못했던 것이다.

그뿐만 아니라, 1970년대 이후가 되면, 민주주의 국가에서도 중앙 정부의 권력이 약해지고, 시민 사회의 영향력이 높아지는 현상이 발생한다. 말하자면 '큰 정부'에서 '작은 정부'로 이전하게 된다.

인간관계의 역사 속에서 1970년대가 매우 중요한 전환기였다는 것은 이러한 흐름을 배경으로 하고 있다. 전 세계에서 국가가 형성되고 있었던 그 시기, 글로벌한 관계도 지금까지 경험하지 못한 정도의 규모와 속도로 형성되고, 그 결과 국가라는 존재의 상대적인 영향력도 약해지기 시작하였다.

글로벌화의 파도가 세계 각지를 뒤덮게 된 시점에서, 모든 국가도 그 영향을 받게 되고, 그 대부분이 '큰 정부'에서 '작은 정부'로 방향 전환을 하기 시작한 것은 우연이 아니었다.

그러면 왜 글로벌한 관계가 가속도로 증대하면, 국가를 형성하는 권력 기구와 시민 사회에서 전자가 약해지고 후자가 강해지는 것일까? 이러한 현상은 다소 설명을 필요로 하기 때문에 절을 나누어 생각해 보고자 한다.

2. '큰 정부'에서 '작은 정부'로

복지국가의 구상

근대 국가는 19세기 이후 조금씩 '큰 정부'로 가는 경향이 점점 증가하기 시작했다. 첫째로, 그것은 국제관계의 계속적인 긴장 때문이었다. 근대 국가는 강력한 상비군을 갖추고, 언제나 최신 기술을 사용하여 무기를 개발하고, 가상 적국의 정보를 얻기 위해서 정보 수집 기관 등을 만들어 둘 필요가 있었다. 그러나 동시에 복지국가, 즉 정부는 국민의 교육, 건강, 복지 등에 책임을 져야 한다는 생각이 점점 확산되기 시작했다.

복지국가의 구상은 필연적으로 국가(정부)와 사회(시민)와의 거리를 좁힌다. 이러한 경향은 이미 19세기 말부터 20세기 초에 걸쳐, 독일이나 영국에서도 볼 수 있었으나, 국민의 복지는 정부의 책임이라는 생각이 일반화된 것은 1930년대의 대공황 시대였다.

상상할 수 없을 정도의 실업자와 은행의 파산, 농산물 가격의 하락, 소비자의 소득과 구매력의 격감 등의 위기에 대하여, 유럽과 미국 등 여러 국가의 중앙 정부는 적극적인 원조 정책을 펼쳤다. 구체적으로는 정부가 돈을 빌려서 기업에 융자하거나, 파산 위기에 빠진 은행을 구제하고, 젊은이들에게 도로 건설 등의 일자리를 제공하면서, 실업자에게 최저생계비를 지급하여 생활을 보장하기도 했다. 즉 그 정도로 정부와 시민 간에 새로운 네트워크가 형성되었다.

그러한 정책은 미국, 영국, 프랑스 등의 민주주의 국가에서 자유주의(liberalism)라고 불렸다. 이것은 물론 개인의 권리와 자유를 최대한 존중하는 고전적인 자유주의와는 다른 것이며, 본래 '복지국가주의'라고 이름 지어야 하는 것이었다. 국가는 모든 사람에게 일할 기회를 제공하고, 최소한의 생활을 보장하는 의미가 있다고 생각하는 방식이다. 그러한 제도는 필연적으로 중앙 정부와 행정 기구의 확대를 가져온다.

비슷한 경향은 비민주주의 국가(예를 들어, 이탈리아의 파시스트 정권, 독일의 나치, 일본의 군국주의 등)에서도 나타났으며, 모든 국가에서 '큰 정부'가 출현하였다. 당시 유일한 사회주의 국가였던 소련에서는 공산당 정권이 국민 생활의 대부분(생산,

소비, 교육, 정보, 문화, 의료 등)을 지배하고 있었다.

다른 독립국에서도 중앙 정부의 권력이 커진 것은, 멕시코에서 국토 자원이 국유화되고, 아르헨티나에서는 파시스트 정권이 출현하는 등의 예로부터 알 수 있다. 또한 국민당 정권하의 중국에서는 일본과의 항쟁 중에도 국내 피난민에 대한 구제를 추진하기 위해서 최소한의 복지 정책이 채택되었다.

미국 사회의 변화

이러한 '큰 정부'적 경향은 제2차 세계대전 중 한층 더 박차가 가해졌고, 제1차 세계대전 이후와는 반대로 전후에도 지속되었다.

첫째, 냉전 시대 미·소 양측 모두 '안전 보장 국가(National Security State)'를 목표로 하였다. 즉 언제나 전쟁에 대비하여 국방을 충실히 하고, 국내 치안체제의 강화를 목표로 정보기관을 확대시켰지만, 그와 별도로 사회 복지의 확대라는 측면에서도 국가와 개인과의 거리를 한층 더 좁히기 위해서 노력하였다. 영국의 노동당이 목표로 삼은 '요람에서 무덤까지'라는 사회보장제도나, 1960년대 미국에서 민주당 정권 하의 실업보험, 건강보험, 노후 정책의 충실화가 좋은 예이다.

이러한 경향이 사회에서 인간관계에도 영향을 미치고 있었다는 것은 쉽게 상상할 수 있다. 예를 들어, 내가 잘 아는 미국 사회는 어떻게 변해 갔는가?

처음 미국으로 유학 간 1950년대, 나에게 매우 인상 깊었던 것은 유학생을 환영해 주는 그룹이나 기독교 교회의 모임, 또는 여름에 각지에서 열리는 아동, 소년을 위한 수많은 캠프 등, 일본과 비교해서 민간단체가 활발하게 활동하고 있었던 점이다. 여름 방학을 보낸 아이오와 주의 농촌이나 마을에서도 국가와는 다른 차원에서 자신들의 그룹을 만들어, 그것을 통해 커뮤니티를 형성하고 있는 수많은 사람들로부터 감명을 받았다.

그러나 한편으로는 국가 권력이 시민 사회에 다양한 형태로 침투해 있다는 점도 알게 되었다. 예를 들어, 미국 국내의 고속도로 건설이다. 이것은 당시 드와이트 아이젠하워 정권에서 착수한 것으로, 전국을 도로로 연결하려는 것이었으나, 그 근본에는 안전 보장의 개념이 있었다. 다음 전쟁을 대비해 도시가 폭격 받았을 경우, 빠르게 교외나 농촌 지대로 이동하기 위해서였다. 도시에서도 각지에 셸터라고 불리는 지하 대피 시설이 만들어졌다. 그리고 대학이나 연구 시설 또는 할리우드 등 엔터테인먼트의 사회에서도 공산당원이나 소련에 동조하는 것으로 보이는 인물이 추방당하는 등, 사회에 대한 국가의 상대적인 힘의 증대를 실감했다.

중앙 정부의 권한 강화는 안전 보장 이외의 측면에서도 볼 수 있다. 미국에서 '지방에서 연방 정부의 존재는 우체국뿐이다'라고 불리는 시대도 있었으나, 1930년대 뉴딜 이후 국가의 사회 복지 정책은 차츰 서민의 생활 속으로 침투해 갔다. 그뿐만 아니라 일반 시민 사이에서 사적인 관계에도 정부가 개입하는 경우도 나타나게 된다.

이것이 명확해지는 것은 1950년대 이후 '공민권'을 둘러싼 연방 정부의 방침 전환이다.

당시 공민권(미국인은 시민으로서 정치에 참여할 권리를 가질 뿐만 아니라 일상생활에서도 주거, 직장, 교육 등의 측면에서 평등한 권리가 주어져야만 한다는 원칙)은 흑인(아프리카 출신의 미국인)이나 그 이외의 마이너리티에 대해 아직 보장되지 않은 주가 많았다. 즉 인종문제에 대한 대응은 각지의 시민에 맡긴다는 풍조가 오랫동안 계속되었다. 인구의 80% 이상을 차지하는 백인(유럽계 미국인)이 사적으로 어떤 인간관계를 만들더라도 그것은 공적인 기관의 권한이 관여하지 못한다는 것이 전통적인 견해였다.

그러나 1950년대가 되면, 워싱턴의 연방 정부나 최고재판소가 다른 인종 간의 관계에 대해서 조금씩 관여하기 시작하게 된다. 예를 들어 1954년의 '브라운 대학 교육위원회' 재판에서 최고재판소의 판결은 공립학교에서의 인종 차별을 금지한 것이며, 그리고 3년 후 아칸소 주 리틀록 시의 고등학교에 입학하려 했으나 저지당한 흑인 학생을 지키기 위해 아이젠하워 대통령은 연방의 군대를 파견했다.

이러한 사건은 제2차 세계대전 전의 미국에서 상상할 수 없는 일이었다. 학교와 같은 교육의 장은 사적인 관계의 장이라 하더라도 공적인 장소이기도 하기 때문에 공적 기관을 대표하는 권위자인 대통령이나 최고재판소가 '공적 질서'를 시민 간의 관계보다 우선시킨 것이라 할 수 있다.

큰 정부로의 흐름

시민 사회에 대한 국가의 관여는 소련이나, 1949년 공산당 정권이 수립된 중국 등 사회주의 국가에서는 당연한 것이었으나, 사회 민주주의, 즉 복지국가를 표방하는 유럽의 민주주의 여러 국가에서도 '큰 정부'로의 흐름은 멈추지 않았다.

특히 1960년대 유럽에서는 이러한 경향이 두드러졌고, 국내 경제의 호경기로 국가 세입이 충분했기 때문에 중앙 정부에 의한 사회 복지 대책이 한층 발전했다. 특히 그 결과 대부분의 국가에서는 세출(정부에 의한 지출)이 세입을 초과하게 되지만, 사회 정책을 실시하기 위해서는 국가로서 어느 정도의

'빚'이 있어도 허용된다고 판단하였다(당시 미국 예산에서는 채무에 대한 이자의 지불이 10% 정도 차지하고 있었다).

내가 미국에서 대학원을 마치고 일하기 시작한 것은 1961년 이후였으나, 69년까지 정권을 맡고 있던 민주당은 존 F. 케네디 대통령의 '뉴프런티어 정책', 린든 B. 존슨 대통령의 '위대한 사회'라는 슬로건 아래서 정부가 앞장서서 사회를 개혁하려고 하고 있었다. '빈곤과의 전쟁'을 진행하고, 흑인의 투표권을 확보하고, 고령자를 위한 건강보험제도(Medicare)를 만들어 낸 것도 좋은 사례이다. 연방 정부 직속의 장학금 제도도 생겼으며, 대학이나 연구 시설에 대한 원조도 증가했다. 나를 포함하여 외국 출신의 젊은 학자가 매우 쉽게 대학 교사직을 찾을 수 있었던 것도 당시 '큰 정부'의 풍조와 무관하지 않았다.

1960년대 유럽에서도 예를 들어 영국에서는 노동당, 서독에서는 사회민주당 정권을 통해 노동자의 임금이나 대우가 눈에 띄게 개선되어 갔다.

'55년 체제', 즉 자민당 정권이 장기간 이어진 일본에서도 1960년 '안보 소동' 이후 성립한 이케다 하야토 내각이나 그 후계자는 비슷한 '사회 복지국가'를 목표로 하였다. 일본의 경우는 이미 정부 주도형의 경제 활동이나 교육제도가 보급되어 있었기 때문에, 이 시대에 접어들어 이윽고 일반 시민이

자발적인 관계를 만들기 시작했고, '공(公)'에 대한 '사(私)'의 영역을 확대하기 시작했다고 할 수 있다. 일본은 유럽·미국과 반대 방향으로 움직임으로써 국가와 사회 간의 새로운 관계를 만들어 나간 것이다.

국내의 연계와 국제적인 관계

그런데 이렇게 하여 많은 국가에서 정부와 시민 간의 관계가 밀접해짐과 동시에 이미 언급한 대로, 국경을 초월하여 여러 종류의 관계도 지금까지와 비교가 안 될 정도의 규모로 형성되어 갔다.

그렇게 되면 국내의 네트워크와 국제적 네트워크는 어떤 방식으로 상호 영향을 주는가라는 흥미로운 문제가 발생한다. 좀 더 설명하자면, 경제면에서 이미 글로벌화가 진행되었고, 상호의존적인 세계를 만들어 내고자 할 때, '큰 정부'는 어떠한 대응을 할 것인가 하는 문제이다.

'큰 정부'를 갖게 된 국가 중 일부는 제2차 세계대전 이후 적극적으로 경제의 글로벌화를 촉진했다. 제1장에서 설명했듯이, 미국 주도하에서 유럽, 캐나다, 오스트레일리아 등의 국가는 세계은행이나 IMF(국제통화기금) 등을 통해 국제무역의 신장을 꾀했고, 동시에 달러를 공통의 통화로 하여 외환 시장을 안정화시키고, 차츰 관세를 낮추어 갔다. 그리고 신흥 국가, 즉 제3세계에 대한 원조도 국제기구를 통해서 행해진 결과, 국경을 초월한 경제의 글로벌한 관계가 깊어져 갔던 것이다.

그러나, 다른 일부의 국가 특히 사회주의나 공산주의 정권의 국가는 그러한 관계에 철저히 저항했다. '자력갱생'을 목표로 하는 중국이 경제의 대외 의존을 최소한으로 줄이고, 1960년대부터 70년대까지 이어진 문화대혁명 시기에 무역 관계를 거의 제로(Zero)로 만든 것은 극단적인 사례였다.

미·소 냉전이 국제 정치를 좌우하던 시대에는 경제의 글로벌화도 자본주의 진영의 책략이라고 여겨지기도 하였다. 그렇기 때문에 경제의 글로벌화가 순조롭게 이루어지기 위해서는 냉전이 '데탕트'(긴장 완화)기로 접어드는 1970년대까지 기다려야만 했다고 볼 수 있다.

그러나 한편으로, 데탕트가 시작된 배경에는 두 진영 간의 경제를 포함한 다양한 관계가 시작되고 있었을 가능성도 있다.

소련 경제의 재건, 발달(개혁: 페레스트로이카)을 위해서 자본주의 국가의 시장 경제와의 교류가 필수라고 보는 미하일 고르바초프 대통령에게 긴장 완화는 목적이라기보다 수단이었다. 중국에서도 마오쩌둥(毛澤東)의 사망 이후, 지도자가 된

덩샤오핑(鄧小平)은 처음부터 국내 경제의 개방을 생각하고 있었고, 마오쩌둥 자신도 1972년 리처드 닉슨 대통령과의 상하이 회담으로 미·중 경제의 연계가 양국의 이익에 합치한다는 것을 인정했다.

복지국가는 글로벌화와 양립할 수 있는가

이렇게 하여 냉전으로 분단되었던 세계도 조금씩 연결되기 시작했으며, 이러한 경향은 1980년대부터 90년대가 될 시기에 네트워크의 규모도 확대하고, 말 그대로 글로벌한 현상으로 되어 갔다.

그리고, 경제의 글로벌화가 확실한 흐름이 되면서, 이번에는 그와 같은 국제 사회의 현상이 각 국가의 국내의 구조, 특히 '큰 정부'와 시민 사회 관계에 어떠한 영향을 미칠 것인가가 문제가 된다. 이것은 그때까지의 문제 설정과 역행한다는 점에 주의해 주었으면 한다. 국내의 구조가 국제관계에 어떤 영향을 주는 것이 아니라, 전 세계의 관계가 국내의 질서를 어떻게 변화시켰는가라는 것이다.

예를 들어, 경제가 글로벌화 할 때, 각 국가가 독립적으로 존재하고, 각각의 권력을 집중하여 국내 사회의 복지를 증진하는 것은 비현실적이지 않은가라는 생각이 늘어나게 된다.

국내의 '큰 정부'는 국제적인 관계의 흐름에 역행하고 있는 것이 아닌가? 그러한 관점은 차츰 영향력을 갖게 되었고, '작은 정부'를 목표로 하는 움직임으로 향하게 된다.

요컨대 문제는, 복지국가는 글로벌한 경제와 양립하는 것인가라는 것이다. 이것이 말하자면 거버넌스(통치) 문제의 출발점이며, 1970년대부터 지금까지 논의가 계속되고 있다.

여전히 글로벌화는 국가의 힘을 약화시키는, 혹은 글로벌화는 국가라는 존재와 함께할 수 없다는 단순한 논의도 간혹 제기 되고 있으나, 물론 그렇게 간단하게 정리될 수 있는 것은 아니다. 사실, 현실 세계에서는 글로벌화도 국가도 함께 존재하고 있으며, 문제는 그 양자 간의 관계를 알아보는 것이다.

큰 정부에 대한 염려

국가는 방위나 안전 보장 등과는 별도로 시민의 복지나 교육에 지속적으로 관여해야만 하는가? 국경을 초월한 관계가 눈에 띄게 급증하고 있을 때 국가는 국내에 사는 사람들에 대해서 지금까지의 방침을 지속해 나가야 하는가?

본래 복지국가를 유지하기 위해서 매년 방대한 예산이 필요하다. 그 재원은 세금만으로 불충분한 경우가 많으며, 국가는 빚을 져야만 한다. 그것이 계속되면서 매년 채권자에게 지불해야 하는 이자가 국가 예산의 세출 중의 대부분을 차지하게 된다. 예를 들어 1976년도 미국에서 세출은 세입을 730억 달러 정도 웃돌았으며, 누적 적자는 이미 6조 달러를 넘었다. 빚에 대한 이자 지불액만으로 370억 달러, 즉 세출 총액의 10% 가까운 돈이 지출되었다.

그러나 적자를 줄이려고 하면 증세를 해야만 한다. 그렇게 되면 국민의 부담이 커지며, 생활수준을 유지하지 못할 수도 있다. 그들의 수입이 줄면, 그만큼 세입도 줄어들고 만다. 그 결과 복지 정책을 이어 나가지 못할 가능성도 있다.

그뿐만 아니다. '큰 정부'로 상징되는 정부 주도형의 국내 정책은 경제의 글로벌화가 진행되면서 과연 좋은 방향으로 가고 있는가라는 문제가 발생한다. 예를 들어, 관세나 환율의 자유화의 흐름이 멈추지 않으면, 국제 시장에서 기업의 경쟁력을 높이기 위해서라도, 가능한 한 규제를 완화하고, 세율을 내려야 하지 않는가? 기업이라고 해도 지금은 다국적 기업이 세계 각지에서 생산이나 판매를 확대시키고 있으며, 지금까지와 같은 국내의 자본가나 노동자를 대상으로 한 정책만으로는 불충분하다.

그렇게 하여 '큰 정부'에 대한 염려가 1970년대 이후, 각국에서 나타나기 시작하였다. 그것은 당연히 '무엇을 위한 정부인가'라는 문제로 이어졌다. 영국 등은 그 전형적인 예이며, 그때까지 당연시되어 왔던 복지국가론이 시민들의 비판의 대상이 되었다. 글로벌화가 진행되는 시대에 국내 경제는 쇠퇴하고, 식민지 해방과 함께 '대영제국'이 '그냥 섬나라'가 되어 버렸다는 분위기가 확산되었다. 그리고 국가에 대한 신뢰를 잃게 되면 본래 통치란 무엇인가, 정부의 역할이 어떠한 것이어야만 하는가라는 문제의식도 강해진다.

야경국가夜警國家로 회귀

그것에 대한 한 가지 대응책이 '작은 정부'론이다. 이것은 1980년대 영국이나 미국에서 시작되었으나, 비슷한 생각은 다른 국가에서도 볼 수 있었다. 작은 정부란 요컨대 복지국가를 그만두고 그 이전의 '야경국가(夜警國家)'로 돌아가자는 의미를 가지고 있다.

야경국가론이라는 것은 국가의 유일한 또는 가장 중요한 임무는 국경을 지키고 치안을 유지하는 것이라는 견해이다. 본래 18세기 애덤 스미스(Adam Smith) 등이 주장하였다. 그것으로 돌아가자는 것은 시민의 생산, 소비 활동에 국가는 원칙적으로 관여하지 않고, 특히 국민의 복지는 기본적으로 시민 자신의 힘으로 증진해야 한다는 것이다. 그러한 견해는 '신자유주의(Neoliberalism)'라고 불렸다.

하지만, 스미스가 살아온 18세기 세계에는 20세기 후반에 필적하는 것과 같은 경제 현상이 존재하지 않았다. 스미스의 사상은 『국부론(*The Wealth of Nations*)』이라는 그의 저서의 표제가 보여 주듯이, 각국이 각각의 부를 확대시키기 위해서 어떻게 해야 하는가라는 문제의식으로부터 출발하고 있으며, 국가와 국가 간의 경제관계를 기초로 생각하고 있었다.

그렇지만 20세기 후반 글로벌한 경제에서는 국가보다 기업이나 개인이 중심적인 역할을 하고 있다. 그렇기 때문에 시민 간의 협력이라 하더라도, 한 국가뿐만 아니라 세계 각지에 산재하는 '비정부 조직'(이것은 3장에서 설명한다)이 어떻게 상부상조의 관계를 만들어 갈 것인가라는 문제가 생긴다.

그와 같은 점에서 '신자유주의'는 시대착오적인 인상을 주지만, 그럼에도 불구하고 영국이나 미국 등에서 영향력을 증가시켰다는 것은 그 만큼 '큰 정부'와 글로벌화의 관계에 대해서 위기감이 더해지고 있다는 것을 나타내고 있다.

신자유주의라는 것은 요컨대 경제의 글로벌화가 진행하고 있다면, 전 세계의 시장 경제(Market Economy)가 자발적으로 움직이면서, 각 국가가 인위적인 개입을 하지 않는 편이 더욱 큰 부를 만들어 내고, 더욱 많은 사람들을 부유하게 만든다는 견해이다.

헷갈리지만, 앞서 언급했듯이 복지국가의 개념도 자유주

의라고 불리기도 한다. 19세기 영국의 사상가 존 스튜어트 밀 (John Stuart Mill) 등이 주장한 자유주의이다. 이것은 인간이 더욱 자유롭고 풍요로운 생활을 하기 위해서는 정부도 적절한 역할을 해야 한다는 것이다. 그 견해가 20세기가 되어 복지국가론으로 발전했다.

그러기 때문에 신자유주의는 19세기의 자유주의가 아니고, 18세기적인 자유주의의 원칙으로 돌아가자는 것이며, 경제에 대한 정치의 개입을 최소한으로 하여 시민의 노력과 재능에 의해서 개인과 사회를 풍요롭게 해야 한다고 주장한다.

그것은 당연히, '작은 정부'론으로 기울게 된다. 영국에서 마거릿 대처(Margaret Thatcher) 총리가 이끄는 보수당이나 미국의 로널드 레이건(Ronald Reagan) 대통령 지도하의 공화당은 그와 같은 신자유주의의 영향을 반영했다. 국가와 시민 간의 더욱 이상적인 관계는 더욱 작은 정부에 의해서 만들어지며, 중앙 정부는 그 권한을 축소하고 야경국가의 형태로 돌아간다. 그렇게 함으로서 세율도 내려가고 동시에 국가의 재정 적자도 줄일 수 있다고 기대된 것이다.

글로벌 거버넌스 문제의 부상

1970년대 말부터 80년대까지 대처, 레이건 시대는 냉전의 긴장도 완화되기 시작하고, 대국 간의 대규모 전쟁의 가능성도 줄어들었기 때문에 '작은 정부'론도 받아들여지기 쉬운 분위기였다.

글로벌화와 긴장 완화의 관련성은 제4장에서 더 언급될 것이지만, 20세기 말에는 더 이상 큰 정부가 필요 없다는 견해가 영국이나 미국 등의 국내 정치에 반영되었고, 그것이 다른 국가에도 영향을 주게 되었다.

그러기 때문에 거버넌스(Governance)의 문제도 더 이상 각국가의 통치가 아닌 글로벌한 세계의 통치를 어떻게 할 것인가의 문제로 절실해졌다.

글로벌 거버넌스란 글로벌한 관계가 계속 구성되어 가는 세계에서 어떤 질서를 만들어야 하는가의 문제이다. 국가라는 틀을 벗어나 그러한 거버넌스를 만드는 것이 가능할까? 글로벌 거버넌스와 각 국내의 거버넌스 사이에 어떤 관계가 만들어질 것인가?

이러한 문제를 생각하기 전에 식민지가 붕괴된 이후 출현한 많은 신흥 국가의 거버넌스에 대해서도 생각해 볼 필요가 있다. 그러한 국가도 글로벌화의 파도에 흡수되고 있으며, 그 과정에서 선진 국가와 비슷하게 국내 제도의 재구축을 생각해야만 했기 때문이다.

3. 신흥 국가들의 선택

신흥 국가의 거버넌스 문제

20세기의 전반에 전 세계에서 주권 국가라고 불리는 국가는 50개국 정도였고, 그 대부분은 유럽이나 중남미에 존재하고 있었다. 그리고 유럽의 강국이나 일본은 해외의 영토를 보유하여 식민지 국가 또는 제국주의 국가로서 세계의 군사력, 경제력을 대부분 독점하고 있었다.

하지만, 그런 상황은 제2차 세계대전 이후 급변하였다. 대부분의 식민지가 해방되고, 새롭게 독립한 국가로 국제무대에 등장한 것이다. 제3세계라고 불리는 국가들의 대부분이 이런 종류의 신흥 국가였다. 그 모두가 독립 이후 얼마 지나지 않아, 어떤 행정이나 정치의 구조를 만들어 내야 하는가라는 거버넌스의 근본적인 문제를 가지고 있었다. 1960년대 이후가 되면 선진국의 거버넌스와 함께 제3세계의 통치 능력(Governability)도 세계의 중심 과제로 부상하였다.

이미 언급했듯이, 19세기 이후 국민 국가라는 조직이 유럽 국가들 사이에 성립하고, 그 중에서도 '강대국'이라고 불린 국가는 해외 식민지를 경영하고 있었으며, 식민지에서 독립 운동을 추진하는 지도자가 목표로 하는 것도 역시 같은 국민 국가였다.

예를 들면, 영국의 식민지 경영에 저항한 인도의 마하트마 간디나 자와할랄 네루가 구상하고 있던 것도, 기본적으로는 '모국'을 모델로 하는 국가를 만드는 것이었다. 그렇기 때문에 1947년 독립을 쟁취한 이후에도 인도는 영국의 관료 제도 나 정당 조직 등을 틀로 근대 국가를 목표로 하였다. 이와 같은 현상이 프랑스의 식민지의 일부였던 남베트남에서도 있 었다고 말할 수 있다.

다만 남아시아의 전 영국령에서도, 파키스탄과 실론(Ceylon, 현 스리랑카)은 인도와 대조적인 정치 형태를 가졌으며 내정도 불안정하였다. 그것은 파키스탄이나 실론이 인도와 다른 방침으로 국가를 만들었기 때문이라기보다 같은 모델 을 목표로 삼으면서 실제로는 성공적으로 달성하지 못했다 고 말해야 더 정확할 것이다.

왜 이러한 차이가 발생한 것일까? 그것은 파키스탄에서는 국민의 대부분이 이슬람교도이며, 실론에서 불교도와 힌두교도가 대립하고 있었다는 종교적 사정도 있었으나, 더욱 근본적으로는 언어, 종족, 혈연관계 등의 복잡한 관계가 남아있던 국가에서는 유럽류의 정치와 사회 간의 관계가 정착되지 못한 때문일 것이다.

국내 전체의 관계보다 각 지방의 관계가 더욱 강한 현상은 다수의 신흥 국가에서 볼 수 있다.

예를 들면, 아프리카에서 '독립 후(Post-colonial)', 즉 독립을 쟁취한 후 많은 국가에서도 비슷한 현상이 발생했다. 콩고와 같이 맹주국(벨기에)과 비슷한 정치체제를 조직해도 금방 내전 상태에 직면하여 국민투표로 선출된 총리 파트리스 루뭄바(Patrice Hemery Lumumba)마저 암살되는 경우도 있었다. 그러한 배경에는 총리와 대립한 정치가가 각각 배타적인 그룹을 만들고, 일부는 벨기에 또는 미국이나 국제연맹과의 관계를 유지하고 있었다는 복잡한 정세가 있었다.

정치적 안정은 근대 국가의 필수조건임에도 불구하고, 안정적인 체제가 만들어지지 않았다는 것은 국가와 사회를 둘러싼 네트워크 만들기가 얼마나 어려운 과제인지를 말해 주고 있다.

즉 거버넌스의 문제는 '선진국', '발전도상국'에 관계없이 글로벌화가 진행되는 20세기 말의 세계에서 절실한 것이 되었다.

유럽·미국형도 중국·소련형도 성공 못함

정치의 안정은 유럽 근대 국가에서는 18세기 이후 근대화 (산업혁명, 자본주의 경제, 정당정치 등)의 길을 택함으로써 달성되는 것이라고 생각되었다. 그러나 반드시 그렇게 되지 않았다는 것은 20세기 전반의 역사가 보여 주었다.

정치가 불안정하게 된 데는 다양한 요인이 있으나, 권력을 일부의 지배 계급이 독점하여 민중으로부터 분리되어 버리는 것, 그리고 그런 상태에서 정치가와 관료 간의 부패가 심각해지면서 일반 시민이 국가의 지도자에 대한 신뢰를 버리고 시니컬하게 되어 버리는 것 등이 특히 중요하다. 시민과 연계된 정치의 형성이 매우 힘들다는 것은 현재도 같다.

그러면 정치의 안정, 부패의 배제, 국민의 신뢰 등을 통해서 국가와 사회의 관계를 확고한 것으로 만들기 위해서는 어떻게 해야 하는가? 근대 유럽·미국형의 모델이 점점 실현하기 어렵다면 다른 모델은 없는가?

20세기 후반이 되면 중국·소련형의 국가 형성(Nation-Building) 즉, 사회주의 또는 공산주의의 원칙에 기초를 둔 정치 체제가 아시아, 아프리카 등의 일부 신흥 국가에서 영향력을 증가시키고 있었다.

'중화인민공화국'이라는 명칭으로 대표되듯이, '인민공화국'은 '인민' 서로를 '공화국'이라는 체제 속에서 결속시키는 것을 의미하고 있다. 복수의 정당에 의한 민주정치 대신 1당독재(一黨獨裁)의 형태를 취하며, 공산당이 중앙, 지방의 시정(施政)을 조정한다. 이렇게 함으로써 거버넌스도 명확해지고, 부패도 방지할 수 있을 것이라고 주장되었다. 실제로 1950년대부터 70년대에 걸쳐서 아프리카 등의 신흥 국가, 더 나아가서는 중남미의 국가들로부터 많은 학생이 소련이나 중국을 방문하여 국가 만들기의 표본으로 삼으려 했다.

그러나 대부분의 신흥 국가에서는 유럽·미국형의 정치 체제도 중국·소련형의 정치 체제도 정착하지 못했다. 민주주의도 아니고 사회주의 정당의 독재도 아닌 정치제도가 각지에 나타나서, 국내 질서가 불안정하게 된 것이다. 결국에는 내전까지 발생하게 되는 경우도 있었고, 군사 정권도 각지에서 나타났다.

각자의 선택

이러한 사태는 진행되는 글로벌화와 어떤 관계가 있는가?
국제 경제의 글로벌화는 특히 발전도상국의 정치와 정세

를 더욱 불안정하게 만드는 것인가? 또는 반대로 정세가 불안정한 국가의 존재는 글로벌한 관계에 어떤 영향을 미치는 것인가? 이것도 또한 현대사의 중요한 과제의 하나이지만, 현 시점에서 판단하기 어렵다.

글로벌화에 보조를 맞춤으로써 정치를 안정화시키려는 국가가 있다면, 반대로 세계의 풍조로부터 거리를 두려는 국가도 있었다. 다만 그 어느 쪽도 길게 이어지지 못하고, 결국 국가라는 존재 자체의 무게가 하락하고 있다. 이것이 20세기 말부터 21세기 초까지 세계의 하나의 특징이다.

그러면 두세 개 정도의 사례를 보자.

먼저, 중국이다. 1976년 정도까지 10년 가까이 문화대혁명이라는 말하자면 세계에 등을 돌린 국내 개혁, 그리고 공산당 내부의 권력 투쟁에 몰두한 중국은 마오쩌둥이 사망하고 공산당 정권이 권력을 다시 장악하게 되면서, 국내 경제를 글로벌화함으로써 정치를 안정시키려 하였다. 글로벌화를 이용하여 국민 소득이나 생활 수준의 향상에 노력하고, 동시에 국가 권력의 집중화를 이룩하고자 노력하였다. 자본주의 여러 국가들에서 '작은 정부'론이 세력을 넓히고 있을 때, 중국에서는 중앙 정부의 힘을 확대하였다. '한 가정 한 자녀 정책'이라는 가족계획 정책은 그 단적인 사례이다.

이에 반하여, 중앙 정권을 유지하기 위하여 세계의 글로벌한 흐름으로부터 거리를 두려고 한 국가로서는, 예를 들면 1979년 이후 이란이 있다. 이란은 글로벌화로부터 거리를 둘 뿐만 아니라 때로는 그것과 적대관계에 있기도 하였다. 본래 18세기 이전의 세계 무역에서는 중·근동과 남아시아 출신의 이슬람 상인이 큰 역할을 하고 있었기 때문에 역사적으로 매우 아이러니한 현상이다.

이러한 현상의 밑바닥에는 현대 세계에서 유럽과 미국의 압도적인 영향력에 대한 반발이 있다. 중국과 대조적으로 터키, 이란, 이라크 등에서는 근대화를 표방하는 정권에 반발하여, 이슬람의 가르침(코란)에 따르는 생활과 사회의 이상(理想)으로 돌아가야 한다는 운동이 강해졌다.

예를 들어, 1979년 소련 군대가 아프가니스탄을 점령하자, 원리주의 이슬람을 표방하는 조직이 게릴라전을 펼쳤고, 1996년에는 내전에서 확대된 조직 탈레반이 정권을 획득했다. 또 1979년 일어난 이란 혁명에서는 아야툴라 호메이니(Ayatollah Ruhollah Khomeini)가 세속적 국가를 대신하여 종교의 가르침에 따른 정권을 만들어 냈다. 두 경우 모두 글로벌화하는 세계와 거리를 두고, 종교에 기초를 둔 국가는 글로벌 경제와 양립할 수 없다는 신념을 반영하고 있다.

제3의 형태로, 국가 형성이 성공하기 전에 통치기능을 잃고, '실패 국가(Failed state)' 혹은 가짜 국가(Pseudo-state, 擬似國

家)가 되어 버린 경우도 있었다. 아프리카 대륙에서 몇 개의 국가는 통치 능력이 없었고, 내분과 분열이 계속되면서 글로벌화의 흐름에 따라가지 못하고 뒤처지게 되었다.

발칸 반도에서도 이와 같이 제1차 세계대전 이후 60년 정도 존재했던 유고슬라비아가 1980년대부터 90년대에 걸쳐 붕괴되면서, 그 이후 몇 개의 국가가 탄생하지만 그 일부는 오래가지 못하고 더욱 분단되어 버렸다.

이렇게 보면 글로벌화는 어떤 국가를 필요로 하는가? 원래 국가라는 단위는 글로벌화가 진행되는 세계에서 어떤 의미를 갖는지 다시 한 번 생각해 보게 된다.

만연하는 부패

더욱 심각한 것은 부패 문제이다.

글로벌화로 세계 각지에 다국적 기업이 진출하게 되면서, 지방의 관료나 정치가와 유착 가능성이 발생한다. 중앙 정부에서도 비슷한 유혹이 끊이지 않는다. 지금까지는 주로 국내의 현상이었던 정치와 경제의 밀착성이 국경을 초월한 현상이 된 것이며, 그렇기 때문에 근대 국가에게 불가결한 정치에 대한 시민의 신뢰감도 저하되어 버렸다.

중국과 같이 단기간 해외 기업에 의한 투자가 급증하고, 국내 각지에서 공업화, 도시화가 촉진된 국가에서는 지방 도시 또는 중앙 정권의 일부가 그 과정에서 부를 축적하고, 남은 자산을 이번에는 외국으로 가져 나가는 현상이 끊이지 않는다. 그러한 흐름을 억제하는 독립 사법제도도 확립되어 있지 않고, 그 결과 빈부의 격차는 계속 증대하고 있다.

그 정도의 규모는 아니더라도, 예를 들어 댐을 건설하거나 나무를 자르는 과정에서 외국 기업과 지방의 유력자 사이의 유착이 예전부터 지적되어 왔다. 그러한 부패에서 볼 수 있는 거버넌스의 기능 부전은 특히 인권 문제, 환경 문제에 대하여 심각한 영향을 초래한다. 이것에 대해서는 뒷장에서 설명하기로 한다.

경제면에서 세계가 점점 하나가 되어 가며, 각각의 국가를 글로벌화의 흐름 속으로 흡수하면, 전통적인 의미에서 국가라는 존재가 불안정해질 가능성이 있다는 것을 알 수 있다. 경제면에서 지구 전체가 다양하게 관계를 구성하게 되는 한편, 정치면에서는 아주 많은 종류의 국가가 나타나고 있다는 사실은 그러한 상황을 말해 주고 있다.

근대 세계에서 기본적 존재였던 국가가 더 이상 그런 지위를 유지할 수 없게 되었다는 것이다.

제3장

비국가적 존재의 대두

1. 비국가 행위자들 nonstate actors

비국가 행위자들 nonstate actors의 대두

인간 사이의 접촉, 교류, 혼합이라는 관계의 역사 속에서, 국가라고 하는 형태는 19세기 이후 가장 중요한 존재로 나타났다. 그것이 세계 전체에서 각종 네트워크가 만들어져 가는 과정 속에서 영향력이 약화되고, 경우에 따라서는 소멸조차 할지도 모른다는 것은 무엇을 의미하는가?

반복되지만, 국가라고 하는 존재는 중앙 정부, 관료 기관, 군대, 사법제도 등, 나라를 대표하여 국내 질서를 유지하는 체계와, 같은 공간에 사는 사람들 간의 관계로부터 만들어지고, 그 사회에서는 수많은 그룹이 있다. 이 양자를 연결하는 사상이나 조직이 있고 나서야, 국가라는 존재가 가능할 수 있다. 그런 의미에서 국가와 양립하여 국가 이외의 집단도 항상 존재해 온 것이다.

여기서 문제가 되는 것은 양자 간의 관계와 균형이다.

20세기 말에는 이 균형이 무너지기 시작하여, 국가의 일부가 아닌 조직, 소위 비국가적 존재(nonstate actors)가 양적으로나 질적으로나 영향력을 키우게 되었다. 바꿔 말하면 사회에 존재하는 민간의 네트워크가 국가와는 관계없이 만들어지게 되었다는 것이다. 그 안에서도 국경을 초월하여 연결되어 있던 조직의 수가 상당히 많아졌다. 그것은 필연적으로 국가 그 자체의 중요성과 영향력을 약화시키는 것으로 이어진다.

여러 비국가적 존재

비국가 행위자들(nonstate actors)이란 구체적으로 어떠한 것인가?

국내에 존재하면서 국가와는 별도의 또는 어느 나라에도 속하지 않는 조직은 이전부터 있었다. 예를 들어, 유럽에서는 근대 국가가 형성되기 시작하는 17세기 이전, 오래 전까지 거슬러 올라가 보면 그룹으로서 가족이나 혈족이 있었고, 중세부터 근대 초기에 걸쳐서는 어떤 지역에도 기독교의 교회가 존재감을 과시하고 있었다. 또한 물자의 제조와 판매에 종사하는 길드도 도시나 지방의 마을에 조직되어 있었다.

이와 같은 것은 세계의 다른 지역에 대해서도 말할 수 있다. 근세의 남미에서도 가톨릭교회는 어디에서나 볼 수 있었고, 중·근동(中近東)에서는 이슬람의 모스크가 각지에 존재했다. 상인들의 조합 등은 중국, 일본을 포함하여, 어느 나라에서도 볼 수 있는 것이었다. 중앙 집권 국가의 유무와 관계없이, 종교나 직업 단체는 별개의 활동을 계속하는 존재였던 것이다.

18세기 이후, 유럽과 미국의 일부에 성립된 근대 국가에서도, 사회 안에서 여러 목적을 가진 시민 그룹이 많이 만들어졌다. 미국 등에서는, 이미 19세기 초 이런 단체가 수만 개나 있었으며, 민주주의라는 것은 그런 것이라고 1830년대 저술된 명작 『미국의 민주주의』에서 알렉시스 드 토크빌(Alexis de Tocqueville)은 지적하고 있다.

물론 비국가 행위자들(nonstate actors) 안에는 마피아나 폭력 단체 그 이외, 위법 행위에 종사하는 범죄자 등 반사회적 조직도 넣어야 할 것이다. 이것은 반국가 행위자들(anti state actors)이라고 부르는 것이 더욱 적절할지도 모르지만, 어느 나라 어느 사회에서 일반 시민과 동떨어진 그룹이다.

혹은, 또 다른 차원에서 국가의 권한뿐만 아니라 그런 인간 집단조차 인정하지 않으려 하는 무정부주의자(anarchist)도, 근대 국가의 안티테제로서 유럽이나 미국, 일본 더 나아가서는 중국 등에 오랫동안 존재하였다. 그들에게 국가라는 것은 인위적인 조직일 뿐이었다. 그러한 것은 필요 없고, 오히려 인류에게 해롭다. 모든 세계의 사람들은 나라를 통해서가 아닌, 개인으로서 서로 소통하고, 협력해 나가면 된다. 그것이야 말로 세계에 평화를 가져오는 것이라고 생각했다. 19세기 러시아의 소설가 레트 톨스토이는 가장 유명한 무정부주의자 중의 한 명이다. 그들이 만들어 낸 각종 커뮤니티는 비국가 행위자들(nonstate actors) 중에서도 철학적으로는 가장 반국가적인 존재였다.

한편으로, 국제 사회 속에서도 일찍부터 국경을 초월한 여러 조직이 존재하고 있었다. 유럽에 있어서 가톨릭교회는 가장 좋은 예로, 16세기 이후 선교사는 아시아나 아프리카로 나가, 신도의 글로벌 네트워크를 구축해 나갔다. 또한 19세기 이후에는 국제적십자와 같은 인도적인 활동을 하는 단체, 록펠러 재단(Rockefeller Foundation)과 같은 유학생이나 학자의 교류를 촉진하는 조직, 또는 로터리 클럽 등과 같이 각국의 실업가들의 우호, 교류를 목적으로 하는 기관도 출현하였다.

다국적 기업

이와 같이 비국가(nonstate)적인 관계를 기초로 한 인간 집단은 오랜 역사를 가지고 있지만, 양적으로도 질적으로도 그 존재감이 비약적으로 증대하는 것은 1970년대 이후이다. 이러한 현상은 착착 진행하는 경제의 글로벌화와 중첩되어, 말할 것도 없이 양자의 사이는 밀접한 관계가 있다.

현대 세계에서 비국가 행위자들 안에서도 명확하게 경제의 글로벌화와 관계되어 있는 것이 기업, 주로 이른바 다국적 기업이다.

지금은 사람, 물건, 돈의 흐름이 국경을 초월하여 강해지고 있고, 여러 나라의 노동, 상품, 금융 등이 서로 연결되어 있다. 그와 같은 세계에서는 어떤 특정 국가의 자본이나 기업이 국내에서 물건을 만들어 해외에 파는 것이 아니라, 여러 나라의 자금이 해외에 투자되어 생산업과 서비스업을 만들어 내고, 상품을 전 세계의 소비 시장으로 판매하는 것이 일반적으로 진행되었다. 극단적으로 말하자면, 어떤 상품이나 서비스도 복수의 나라에서 만들어지고 배포되어, 그것에 관한 정보도 인터넷을 통해 전 세계에 전달된다. 70억의 세계 총인구를 잠재적인 소비자로 같은 물건을 구입하거나 이용하고 있어 정말로 글로벌한 현상이다.

이러한 구조는 '해외(off shore)'라고 불린다. 이것은 자국의 해안(shore)을 넘은 장소에서 물건을 만들거나 서비스업을 설치하거나 하는 것을 말한다. 또는 사람이나 돈을 외국에 요구한다는 의미에서 '아웃소싱(outsourcing)'이라는 말이 사용될 때도 있다. 어느 쪽이든 국내와 국외간의 영역이 엄격하지 않다는 것이다.

일상의 식품으로부터 컴퓨터에 이르기까지, 100% 자신이 사는 나라에서 만들어진 것들의 비율이 계속 낮아지고 있다. 서비스 관계에서도 예를 들어, 미국에서 항공권의 예약을 하거나 보험회사에 전화를 하거나 하면, 인도나 멕시코로 연결될 때가 많은 경우를 나도 가끔 경험해 왔다.

다국적 기업은 이렇게 복수의 나라의 기업가, 노동자, 소비자가 연결되어 만들어 낸 커뮤니티다. 문자 그대로 다국적 네트워크는 본래의 국가라는 개념이나 단위만으로 파악할 수 없는 초국가적(transnational)인 현상이다. 그리고 복수의 나라의 자본이나 노동을 결합하는 커뮤니티인 이상, 다국적 기업이 추구하는 것은 본래와 같은 특정 국가의 '국익'과는 다른 것이다. 전통적인 국가라는 틀 속에서 결코 해결될 수 없다.

다국적 기업을 어떻게 다룰 것인가?

그와 같은 글로벌한 존재는 비국가 행위자들(nonstate actors)로 한 국가의 거버넌스를 넘어설지도 모른다. 각 국가라는 구조와 법률 체계만으로 완전히 규제하기는 불가능하다.

하지만 그렇다고 해서 기업이 생각하는 대로 이윤 추구를 맡기는 것은 국내에서도 전 세계에서도 받아들여질 수 없다. 그렇다면 어떻게 해야 하는가? 이것은 다국적 기업의 거버넌스 문제이다. 이 문제가 표면화된 것도 20세기가 끝날 무렵이었고, 바로 정부 기관의 규모와 능력에 대해 여러 문제가 발생하였을 때와 동일한 시기였다. 이 두 개의 현상 사이에 관련이 있었던 것은 명백하다고 할 수 있다.

국경을 초월하는 네트워크로서의 다국적 기업을, 국경을 초월하는 방식으로 똑같이 규제하는 것은 과연 가능한 것인가? 세계에는 유엔이나 국제사법재판소 등 몇몇 국제기구가 있고, 국가 간에 발생하는 여러 문제를 판단, 중재, 해결하는 구조가 존재한다. 하지만 많은 나라의 물건, 사람, 돈을 연결시키는 다국적 기업 전체에 통하는 원칙이 있을까?

다국적 기업은 많은 나라에서 제조, 판매를 하고 있으므로, 개별 국가의 법제도와의 접촉은 피할 수 없다. 따라서 국내 기업에 대하는 것과 동일하게, 여러 나라는 다국적 기업에 대해서도 어떠한 규제를 하고자 한다.

하지만, 바로 그때 '작은 정부'로 향하는 경향이 강해지고, '분단 국가'나 '실패 국가'까지도 출현하고 있어, 좀처럼 순조롭게 진행되지 않는다. 원래 국경을 초월한 비국가 행위자들의 행동에 대해 각 국가가 통치 시스템(governance system)을 만들려고 하는 것 자체가 불가능에 가깝다.

글로벌한 도덕의식

그렇다면 어떻게 할 것인가? 역시 국경을 초월하는 움직임이 필요한 것이 아닐까? 그와 같은 생각이 강해진 것도 이상하지 않다.

실제로, 다국적 기업의 활동에 대해, 어떠한 거버넌스를 구축해 나가려고 하는 움직임이 유엔 등의 조직과 국경을 초월하는 민간 운동에 의해, 세계의 큰 흐름의 하나가 되어 가고 있다.

예를 들어, 유럽과 미국에서는 1970년대, 남아프리카에서 인종차별정책(Apartheid)이 폐지되기까지 어떠한 기업도 이 나라에 투자해서는 안 된다는 운동이 전개되었다. 백인과 유색인종 사이에 엄격한 경계를 만들어, 권리를 요구하며 운동한 흑인의 지도자(넬슨 만델라 전 대통령은 특히 유명하다)를 투옥하는 나라에 영리 기업이 투자하는 것은 인권 옹호의 원칙에 어긋난다. 이런 회사를 보이콧하고, 남아프리카에서 영업을 금지하는 등의 법률을 만들어야 만 한다는 기운이 높아 갔다. 이윽고 이 운동이 미국 의회 등을 움직이고, 그것은 국경을 초월하는 운동이 되어 갔다.

그리고, 이러한 운동이 남아프리카 국내의 움직임과 더불어, 1991년 이 나라에서 인종차별정책이 철폐되게 된다. 특히 영향력이 있었던 것은 미국의 민간단체, 더 나아가 그 의사를 반영한 것은 의회였고, 또한 그러한 움직임에 호응하는 국제 여론의 힘이었다. 글로벌한 도덕의식을 통한 관계가 글로벌 비즈니스의 거버넌스에 영향을 준 좋은 예이다.

환경 보호의 관점에서

똑같이 환경 보호의 관점에서 다국적 기업의 활동에 영향을 주는 움직임에 대해서도 말할 수 있다.

모든 환경 파괴가 공업이나 상업의 발전에 기인하고 있다고 말할 수 없지만, 20세기 후반의 환경 문제의 심각화는 세계 각국의 '근대화', 즉 농업 생산력 향상을 위한 농약 사용이나, 산업의 발달, 그것이 동반하는 인구의 도시 집중, 그리고 생활수준의 향상으로 인한 에너지 소비의 증대 등도 밀접하게 연결되어 있다는 것은 확실하다. 이것들은 모두 전후 세계가 회복기를 거쳐 경제 성장의 시기로 들어간 1960년대 이후 명백해진 현상이다.

그리고 1970년대에 접어들면, 환경 문제가 각국의 문제가 아닌, 글로벌한 경제와 연관되어 있다는 것이 밝혀졌다. 이

점에서 가장 많이 지적되는 것은 인도, 브라질 등에 있어서의 다국적 기업에 의한 댐 건설이다.

댐이 만들어지면 하천의 흐름을 막게 되며, 이로 인해 촌락이 이주를 할 수밖에 없는 상황이 될 뿐만 아니라 생태계도 파괴된다. 이때 누가 책임을 지고, 희생자에 대해 어떠한 보상을 하는가? 이것 또한 글로벌 거버넌스의 문제이다.

특히 심각한 것은 앞 장에서도 설명한 기업과 지방정권과의 유착, 즉 부패의 문제이다. 댐을 건설하기 위해서는 기업의 지방 관료와 교섭하여 허가를 받는 것이 필수적이다. 이 과정에서 계획을 잘 진행하기 위해서 윤활유로서 약간의 금전이 오가는 것은 국내 기업의 경우에도 드물진 않다. 더 나아가서 다국적 기업의 경우에는 각 지역의 유력자와의 접촉이 특히 중요하다.

이러한 경우 금전의 지불은 뇌물이라고 볼 것인가, 아니면 합법적 지출로 볼 것인가는 각각 다르겠지만, 1990년대가 되면 이 관습이 너무나 보편화되어, 일부 국가나 국제 조직은 다국적 기업과 지방 정치와의 관계에 대해, 보편적인 도덕규범을 만들고자 움직이기 시작했다. 이것은 비국가 행위자들과 국가(state)와의 관계를 어떻게 규제하느냐의 문제로 높은 관심을 보였다.

종교 단체는 비정부 조직인가?

비국가 행위자들(nonstate actors) 중에서도 다국적 기업과 동일하게 1970년대 비약적으로 발달한 것은 비정부 조직(NGO, non governmental organization) 내지 비영리 조직(NPO, non profit organization)이다.

대부분의 NGO는 영리를 추구하지 않는 NPO이기도 하다. 정부의 기관이 아닌, 게다가 기업과는 달리 이윤을 추구하지 않는 NGO(NPO)는 오늘날 세계의 질서에 불가결한 존재가 되고 있다.

유럽과 미국 여러 나라에서는 국가에 대한 사회의 구성원으로서 NGO는 상당히 이른 시기부터 존재하고 있었다. 가족 등과 같은 사적인 것이 아니라, 통치 기구에 직접 관계하는 반관 반민도 아닌, 그리고 영리를 추구하는 것도 아닌 인간 집단은 무수히 많다.

광의의 NGO 안에서는 명백하게 정치적인 것, 예를 들어 정당이나 그것을 지지하는 그룹도 포함되어 있지만, 이들은 정권(국가 권력)에 참여할 가능성을 가지고 있기 때문에, 여기서는 다루지 않는다.

그리고 또 하나 종교 단체도 제외한다. 정교 분리의 원칙을 확립한 근대 국가 아래서는 종교 단체는 원칙적으로 비정부 조직이지만, 실제로는 그렇다고 할 수 없다. 예를 들어, 기독교 신자가 많은 유럽과 미국 등 여러 국가에서는 군대에 배속하여 전장에 나가는 성직자(chaplian)가 있어, 전사자의 매장이나 장례에 반드시 참석하는 등, 국가의 일부로 활동하는 것이 일반적이다. 또한 일부 이슬람교 국가, 특히 이란에서는 종교적 지도자 아야톨라(Āyatollāh)가 정부의 인사나 정책에 관해 최종 결정권을 가지고 있기 때문에, 종교와 정치의 구별은 어렵다.

다른 한편으로, 종교적 사상에 영향을 받았다고 해도, 포교 등의 종교 활동을 하지 않는 조직은 상당히 많다. 사회를 개혁(reform)할 목적으로 만들어진 단체, 예를 들어 노예해방운동, 금주운동, 여성참정권운동 등의 단체는 NGO로서 오랫동안 존재해 왔다. 또한 빈곤과 전염병으로 힘들어 하는 사람들을 도와주기 위한 인도적 구호 단체도 정부, 교회와 거리를 두고 만들어졌다. 더 나아가 유럽과 미국의 여러 나라 대학이나 고등학교는 특정 교회에 의해 창립된 것이 많지만, 오늘날 그 대부분이 '세속적(secular)'인 것으로 되어, 교육 활동에 전념하는 NGO로 받아들일 수 있다.

물론 종교와는 전혀 관련이 없는 민간 조직도 무수히 많다. 노동조합에서부터, 박물관, 학술 조직(말하자면 학회), 스포츠 단체, 컨트리클럽, 오케스트라, 노인복지관(종교 단체에 의해 설립된 것은 제외함)에 이르기까지 셀 수 없을 정도이고, 만일 성당이나 교회를 제외하더라도, NGO의 수는 유럽이나 미국 여러 나라에서만 20세기 초에 이미 100만 개를 넘었다는 통계도 있다.

다양한 NGO

60년 전 내가 미국으로 갈 수 있었던 것도 그루 재단(The Grew Bancroft Foundation)이라는 NGO로부터 장학금을 받았기 때문이다.

기금(재단이라 불리는 경우가 많다)이라는 존재는 미국에서는 NGO 안에서도 가장 중요한 것 중의 하나이다. 정부나 기업과는 거리를 두고, 비영리 단체로서 학술 진흥 등의 목적으로 조직된 것이다. 20세기가 되면 록펠러 재단, 카네기 재단, 포드 재단 등이 잇달아 만들어진다. 이들은 그 명칭이 보여 주듯이, 록펠러, 카네기, 포드와 같은 기업가가 사재를 기부하여 설립된 것이지만, 기금의 운영에 관해서는 기업과 전혀 다른 조직이 만들어져 있다.

나는 대학원생 시절이나, 그 이후의 학술 연구를 하면서, 미국이나 일본의 이러한 재단으로부터 원조를 받아 왔다. 물론 정치와 종교와 전혀 무관하다.

내가 공부한 미국의 대학(칼리지)도 대학원도 사립이어서, 그러한 의미에서 NGO에 속한다. 공립(시립, 주립)의 대학과 대학원은, 공적비용으로 경비를 처리하고 있었기 때문에 엄밀하게 NGO는 아니지만, 교육 방침이나 연구 내용에 대해서는 정치의 간섭을 받지 않는다. 이 점에서는 비국가(nonstate)에 가깝고, 게다가 NPO(비영리 사업)이다. 그리고 사립과 동일하게 면세의 특권을 가지고 있다. 이와 같이 유치원에서부터 고등학교에 이르기까지 각 지역에 수많은 교육 기관이 존재한다.

예술이나 학문의 세계에서도, 미술관, 오케스트라, 학회 등의 NGO가 전 세계에 넘쳐난다. 나도 대학생 시절에 역사를 전공하기로 마음먹고 바로, 미국 역사학회에 가입하였다. 이 학회의 회원 총수는 2만 명 남짓이었지만, 더 소규모 학회도 있다. 나는 미국 외교사학회, 국제정치학회(일본) 등 그 밖에도, 전에는 아시아학회나 미국사학회에도 속해 있었고, 이러한 조직을 통해 학문적인 자극을 받거나 귀중한 인간관계를 만들어 가기도 하였다.

또한 학회와는 별도로 내가 아내와 연회비를 지불하고 멤버가 된 NGO로 보스턴의 오페라 극장, 보스턴 미술관, 미·일협회, 시카고의 셰익스피어 극장과 지적장애자 동맹, 더 나아가서는 캐나다의 온타리오 주에 있는 셰익스피어 극장과 조지 버나드 쇼 극장 등이 있다. 이러한 조직의 운영 자금은 회원의 연회비와 기부 그 이외에, 일부는 공적비용(시 정부나 주 정부에서)의 원조를 받고 있다. 하지만, 공연과 전시에 간섭은 받지 않는다는 점에서 비정부의 존재라는 것은 변함이 없다.

비정부와 반정부의 사이

이렇게 보다 보면, 시민의 일상생활 안에는 정말 다양한 NGO의 존재가 있다는 것을 알 수 있다.

특히 정부 관청의 권력이 시민의 취미나 여가에 까지 미치는 전체주의 국가나 독재 국가에서는, 완전히 독립한 비정부 조직은 존재할 수 없을지 모른다. 확실히 스탈린 독재 시대의 소련이나 현재의 북한 등에서는 시민이 관청의 승낙 없이 자주적으로 조직을 만드는 것은 불가능할 것이다, 이들 체제하에서는 비정부가 곧 반정부로 받아들여질 수 있기 때문이다,

하지만, 비정부와 반정부의 사이의 경계가 반드시 명확하지 않은 것은, 민주주의 국가에서도 볼 수 있는 현상이다. 내가 처음 유학 한 1950년대 미국에 관해서도 이와 같이 말할 수 있다.

이미 언급하였듯이, 미국에서 처음 인상 깊었던 것 중 하나는, 외국에서 온 유학생을 환영하는 민간 조직(NGO)이 많이

존재한다는 것이었다. 매주 일요일에는 인근 교회에 초대 받아, 기독교 신자가 아니어도 예배에 참석한 후 식사에 초대를 받는 것이 관습처럼 되어 있었다. 그 이외에도 유학생을 파티에 초청하거나, 외국의 이야기를 듣기 위해 소규모의 모임이 셀 수 없이 많았다.

하지만 이와 동시에, 당시 미국에는 매카시즘(McCarthyism)으로 대표되는 '빨갱이 사냥'이 하나의 유행으로 되어 있었다. 미국인이 특히 존중하는 언론·결사의 자유도 연방 정부나 의회에 의해 속박될 수밖에 없는 풍조였다.

예를 들어 사립 대학조차도, 공산당 동조자(Sympathizer)로 취급된 교수에 대해 FBI에 보고서가 제출된 적도 있으며, 중국사 등의 전문가 중에는, 중국의 공산당에 호의적인 논문을 발표한 적이 있는 것만으로 교직을 떠날 수밖에 없게 된 사람도 있었다. 전전(戰前)부터 미국, 일본, 중국 등의 지식인 간의 교류를 촉진해 온 태평양문제조사회(Institute of Pacific Relation)라는 NGO도 해체에 내몰렸다.

NGO 대 국가

NGO의 일부가 명확하게 반국가적인 자세를 보이기 시작한 것은, 유럽과 미국에서는 1960년대부터이다.

그 당시 '국가 권력(Establishment)'에 대한 저항 운동이 강해지고, '반체제'라든지, '피플 파워(People power)'라고 불리는 시민의 권리를 주장하는 움직임이 점점 강해졌다.

이러한 운동의 축이 된 민간단체에는 학생 조직도 시민 단체에 포함되어 있었지만, 전혀 새로운 단체는 드물었고, 이때까지 존재했던 것을 중심으로 하여, 그것을 횡적으로 넓혀 전국, 더 나아가 전 세계로 펼치려 했던 것이 많았다.

학생이나 젊은 학자 사이에서는 베트남 전쟁에 대한 반대가 반체제적인 NGO의 결성으로 이어지는 경우도 있었다. '우려하는 아시아 연구자 위원회' 등이 그 좋은 예이다. 그러나, 베트남 전쟁에 대한 반대뿐만 아니라, 1960년대 이후가 되면, '시민'의 의미도 종래에 비해 확대되어, 여성이나 소수민족(minority) 등을 포함해, 궁극적으로는 전 세계를 시야에 넣은 반체제 운동이 확산되었다(다음 절에서 자세히 다룬다).

1970년대 접어들면, 이러한 반체제적인 NGO는 베트남 휴전이나 미·소 간의 긴장 완화 등을 위해 약해졌지만, 이번에는 환경 문제, 인권 문제 등에 관심을 갖는 새로운 조직이 계속 만들어졌다. 나아가 이 시기가 되면 인권 옹호를 목적으로 각국의 NGO가 횡적으로 관계를 가지면서, 동유럽이나 소련을 움직이려는 활동도 나타났다. 환경 보호 단체도 핵실험 등에 반대할 뿐만 아니라, 인류와 자연계의 생물과의 공존에 의한 평화로운 세계를 목표로 활동하였다.

국경을 초월하여 활동하는 국제 NGO의 수(유엔에 등록된 것)는 1970년에 3천 개 이하였지만, 10년 후 1만 개를 넘을 정도가 되었다. 시민 조직의 글로벌화가 급격하게 진행된 것이다. 이것이 국가 간의 관계에 어떠한 영향을 미치는지 다음 장에서 설명하도록 하겠다.

일본의 경우

이러한 시민 조직의 대두는, 유럽과 미국만으로 한정된 현상은 아니었다. 1970년대 이후, 비서양 국가 중에서도 새로운 NGO를 통해 글로벌한 연결이 계속 만들어졌다.

이것은 바꿔 말하자면, 국가 권력에 대한 저항운동이 서서히 힘을 갖게 되어 갔다는 것이며, 동시에 국가로서는 충분히 할 수 없는 프로젝트를 시민들이 자신의 손으로 시작하려 하는 기운이 고조되었다는 것을 의미한다. 국가에 대해 시민 사회의 힘이 더 커진 것이다.

물론 '시민 사회화'의 현상에는 나라에 따라 확연한 격차가 있어, 그것이 바로 글로벌한 규모에서의 민주화로 이어진다고 할 수 없다. 1960년대만 보더라도, 66년 시작한 중국의 '문화대혁명'은 초기에 반체제적인 요소를 가지고 있어, 마오쩌둥 스스로, 정부나 공산당의 권력을 약화시켜 시민의 힘을 높이고자 하였고, 실제로 상하이 그 이외의 지역에서는 학생이나 노동자가 중심이 되어 새로운 정치, 사회 질서를 만들려고 하였다. 하지만, 오래가지 못하였고, 2, 3년 후에는 종래보다 증가하여 강력한 중앙 정권이 출현하였다.

이웃 나라 한국에서는 기독교 신자가 많아지고, 비정부 조직이 이전부터 많이 존재하고 있었지만, 그 대부분은 친목이나 자선 사업을 목적으로 하는 것으로, 그대로 민주화의 움직임으로 이어지지 못했다. 필리핀이나 인도네시아에서도 이와 같이, 민간 조직이 정치의 민주화로 이어지는 것은 인권의식이 세계적인 고조를 보이기 시작했을 때부터이다.

일본의 경우 어떨까? 전후 민주주의는 점차 정착해 가지만, 그것이 그대로 NGO의 세력의 확대를 가져오지 못했다. 중앙이나 지방 정부의 관료 기관은 안정되어 있고, 일반 시민이라 하더라도 사회가 어떤 것을 하면 좋을지는 '정부(관청)'의 판단에 맡긴다는 풍조가 오래 지속되었다. 자선 사업을 민간 차원에서 시작해도, 기부금 등은 면세의 대상이 되지 않았다.

하지만, 1980년대가 되어 비영리 조직으로 인정된 것은 민간으로부터 모금을 세금 없이 모을 수 있게 되자, NGO의 수도 서서히 증가한다. 예를 들어 국제 협력, 원조를 목적으로

한 일본의 NGO는 1969년 겨우 10개밖에 존재하지 않았지만, 1990년 초기까지 186개로 증가했다는 기록도 있다. 그 이외의 분야에서 활약하는 NGO의 수도 이와 동일하게 20세기 말 점차 늘어났다.

국가만으로는 어찌할 도리가 없다

이렇게 국가나 종교 단체, 기업 등과는 다른 차원에서, 민간끼리의 연결이 질적으로도 양적으로도 확대하는 것이 현대의 큰 특징이다. 다만, 국경을 초월한 글로벌한 연결이 모두 인류와 세계를 위해 바람직한 것이라고 할 수는 없다.

예를 들어, 비국가(nonstate)의 카르텔이나, 폭력단 등의 범죄조직은 해상에서의 약탈, 마약의 밀매, 여성이나 어린아이의 인신매매와 같은 비합법적 행위에 가담하고 있다. 아프리카 동쪽 해안에서 상선을 공격하는 해적도 규모가 확대되어, 민간인이 그들에게 납치되어 고액의 금전 교환으로 석방되는 경우도 빈번해졌다.

그러한 범죄에 대응하기 위해서는, 관계 국가의 경찰력도 늘어나지 않으면 안 된다. 21세기에 접어들어 빈번해진 소말리아 해적에 의한 범죄 행위에 대처하기 위해서, 여러 국가(한국, 일본을 포함한)들은 해군을 파견하기도 하였고, 또는 미

대륙에서는, 미국과 멕시코의 국경을 넘는 마약 밀수업자를 상대로 양국의 관리들은 오랜 기간 동안 '마약과의 전쟁'을 펼치기도 하였다. 이러한 경우 국가의 역할과 경찰력이 약해질 수 없다.

하지만, 예를 들어 아프가니스탄과 같이 10년 이상 미국이 군사력, 정치력을 행사해 온 나라에서도, 양귀비의 재배, 마약(아편)의 밀매가 끊이지 않아, 전 세계의 비합법 판매액의 90%를 차지하고 있는 예도 있다. 즉, 국가 권력의 효력에는 한계가 있다는 것이다. 반면, 유엔 등의 국제기구에서는 2000년 국경을 초월한(transnational) 범죄 단속 협정을 맺고 있지만 그 효력도 한계가 있다.

요컨대, 현대 세계에서는 국가 단위의 위신이나 역할 만으로는 정말, 어떻게 할 수가 없을 때가 많다. 그만큼 합법적인 NGO의 협력에 의지할 수밖에 없는 경우도 적지 않다.

1970년대 이후, 각국에서 생겨난 비정부 조직에서 강조되어야 하는 것은 환경 문제나 인권문제의 정보를 수집하여 시민의식을 높이고, 정부를 설득하면서 당면한 문제 해결에 공헌하려고 하는 조직의 등장이다.

자세한 것은 제5장, 제6장에서 언급하겠지만, 이러한 현상은 20세기 후반이 되어서야 시민의식이 높아지면서, 환경이나 인권의 문제는 국가나 정부에게만 맡겨서 해결되지 않는다는 판단을 반영하였다. 국가에 대한 시민 사회의 힘이 상대적으로 커지는 것이 현대의 특징 중의 하나라는 것을 말해 주고 있다.

2. 비국민적 정체성Nonnational Identity

국민nation과 다른 정체성identity

대부분의 사람들에게는 자신이 태어난 나라, 살고 있는 나라가 '나는 어떤 존재인가'를 규정하는 가장 근본적인 정체성일지 모른다. 특히 외국에 나가면, 자신이 어떤 나라에서 왔는지를 명확하게 의식하는 경우가 있다.

또는 국내에서도, 일본에서 자주 듣는 '외국인'이라는 단어의 느낌으로도 알 수 있듯이, 타자와의 구별을, 같은 국민(nation)에 속해 있는지 혹은 그렇지 않은지로 먼저 판단하는 것이 일반적이다. 그런데도, 같은 국가에 속해 있다는 것은, 가끔 같은 국경의 내부에 거주하고 있는 사람일 뿐만 아니라, 사상이나 생활양식이나 역사관 등을 공유하고 있다는 의식이 있다.

그래서, 많은 사람들에게 자신은 '미국인'이라든지, '중국인'이라고 하는 감각이, 개인의 정체성, 그리고 인간관계의 중심에 있다는 것은 부정할 수 없다.

그러나, 사람들 관계의 중심에 있는 것은 국가만이 아니다.

본래 인간 사이의 관계는 다종다양하고, 국적뿐만 아니라, 인종, 민족, 종교, 또는 성별 등에 의한 네트워크도 있다. 동창 관계나 직장에서의 관계 등도 있고, 연배가 되면 건강 상태 등에 의해 자신을 정의하는 것도 있을 것이다.

가족을 중심으로 생각하여, 가계나 묘지, 더 나아가 부모, 자식, 남편, 아내 등으로서 자신을 사회에 자리매김하는 사람이 많다. 미국처럼 개인주의가 발전한 사회에서조차 가족의 배경이나 선조를 중요시하는 사람이 적지 않다. 예를 들어 자신의 아버지는 독일계, 어머니는 아일랜드계라는 의식을 명확하게 가지고 있다.

그 이외에도 성적인 정체성(동성애 등)이나 신체적인 장애(난청, 보행 곤란 등)가, 자신의 가장 근본적인 조건이라고 믿는 사람도 있고, 경제적인 정체성(중류 계급 등)의 의식이 강한 사람, 자신의 직장이 곧 삶의 의미를 주는 것이라고 믿는 사람도 있다.

1848년의 '공산당 선언'이 '만국의 노동자여, 단결하라'고 주장한 것은, 국가와 종교가 아닌, 노동자라는 계급의식을 통

해 국경을 초월한 관계를 만들고자 호소한 것이다. 또는 제1
차 세계대선 직후 토마스 만, 로맹 롤랑 등 유럽의 대표적 문
화인이 발표한 '지적자유 선언'은, 전 세계의 지식인이 상호
연계하여 평화로운 사회를 만들고자 하는, 국제적 네트워크
만들기를 위한 외침이었다.

일본인 유학생에서 역사가로

이렇게 생각하면, 우리들은 국가 이외에도 실로 많은 정체
성을 통해 몇 개의 네트워크를 조직하여, 그 안에서 자신과
세계를 연결시켜 나간다는 것을 알 수 있다.

비슷한 예를 들면, 나는 과거 60년의 대부분을 미국에서
지내 왔지만, 처음에는 일본에서 온 유학생이라는 의식이 강
했다. 대학에서도 그렇게 인식되어 있었고, 일본인이기 때문
에 일본에 대해 잘 알고 있을 것이라고 생각하였다(사실 그런
것도 아니지만).

그 이후, 미국의 학계에서 연구를 발표하거나 학생을 가르
치게 되면서, 학자, 대학교수, 또는 역사가로서 자기 이미지
가 점차 중요해져 갔다. 현재도 그렇고, 역사학자로서 세계에
서 다른 학자와 교류할 때에, 자신과 타인의 출신국에 구애받
아서는 안 된다고 생각한다.

이것에 덧붙여서, 최근에는 고령자로서의 자아의식도 있다는 것을 실감한다. 어느 나라에 가도, 80대 사람을 보면, 그들도 나와 많은 공통점을 가지고 있는 듯한 기분이 든다. 80년 정도의 인생을, 세계의 어딘가에서 함께 살아 왔다고 하는 친근감이다. 제2차 세계대전과 같은 처참한 사건과 승패에 관계없이 서로 그 시대를 공유했다고 하는 기분으로 연결되어 있는 것 같다.

더구나 고령자의 건강이나 노후 시설에 관한 문제는 어느 나라에서도 공통적이어서, '같은 배를 탄 동지'라는 의식은, 어떤 의미에서는 젊은 세대보다 더 넓게 존재하고 있을지도 모른다.

종교의 부흥

이와 같은 예가 보여 주듯이, 비내셔널적인(nonational) 정체성을 통해 국경을 초월한 관계가 만들어지는 것은, 현대의 중요한 하나의 단면이다.

예를 들어 중국에서는 한족이 인구의 약 93%를 차지하고 있지만, 국가가 강해지고 풍요로워질수록, 나머지 7%는 자아의식에 눈을 뜨기 시작했다. 반면, 한족도 현실의 국가라기보다는 문명적 유산(遺産)으로서의 중국, 즉 한대 문명(漢代文

明)을 정체성의 밑바탕에 가지고 있는 것처럼 보인다.

인도에서는 인종이라기보다는 각 지방의 독자적인 전통이 존중되어, 그와 같은 전통의 총합으로서의 국가라는 의식이 있다. 이웃 국가 파키스탄에서는, 종교, 특히 이슬람이 인구의 대부분으로써 기본적인 기반을 이루고 있다.

국가를 대신하여 정체성을 부여하는 것으로, 이슬람의 영향력은 이루 말할 수 없다. 심지어 많은 이슬람교도에게는 종교는 나라보다도 중요한 것 일 수 있다. 다만, 이슬람은 많은 종파로 나뉘어져 있고, 특히 시아파와 수니파는 강력하다. 그 비율은 나라에 따라 다르지만, 다수파와 소수파 사이의 세력 투쟁은 격렬하고, 때때로 폭력을 행사하여 살상사건이 발생한다.

기독교 국가에서도 종교 투쟁이 국내 질서를 어지럽히는 일이 있는 것은, 예를 들어 북아일랜드(영국의 일부)의 가톨릭교도와 프로테스탄트 교도 간의 장기간에 걸친 분쟁이 보여주고 있다.

무력 항쟁까지는 되지 않지만, 미국에서의 기독교 원리주의의 영향력의 증대도 현대사의 하나의 흐름이다. 이슬람의 경우와 동일하게, 정교 분리라는 근대 국가의 원칙이라고도 할 수 있는 것에 반발하여, 종교의 원리에 따른 정치를 해야 한다는 주장도 있다.

여기서도 20세기 말이 되어 현저하게 된 '국가의 상대적 약체화'라는 현상을 볼 수 있다.

여성의식

국경을 초월한 비내셔널적(non national) 정체성 속에서, 20세기 후반부터 21세기에 이르는 동안 가장 명백한 것은 여성의식일 것이다. 100년 전의 세계와 지금의 세계를 대비한 경우, 가장 큰 차이는 이 점에 있다고 할 수 있을지도 모른다.

여성의 정치적 발언권을 높이기 위한 운동은 유럽, 미국에서 19세기 말기부터 시작하였지만, 이것이 전 세계의 의식으로 되는 것은 20세기 후반 이후부터이다. 서양에서조차 1900년까지 여성이 참정권을 확보한 것은 뉴질랜드밖에 없었다.(뉴질랜드의 전국부인회 초대 회장이었던 케이트 셰퍼드 여사는 몇 년간에 걸쳐 여성의 투표권을 요구하는 탄원서에 서명하는 운동을 전개했다. 셰퍼드 여사의 피나는 노력 끝에 1893년 여성에게 투표권을 허용하는 법안이 세계 최초로 통과됐다.)

다만, 조지 버나드 쇼(George Bernard Shaw), 오스카 와일드(Oscar Wilde)의 희곡 작품을 읽으면 바로 알 수 있듯이, 여성은 가정 속에 갇혀 있어야만 하는 것이 아니라, 남성과 같은 직업에 종사하고, 학문이나 예술면에서 사회에 공헌하고, 결혼에 얽매이지 않고 자유로운 생활을 해야 한다는 생각도, 19세기 말이 되면 급속히 확산되어 갔다. 실제로, 각종 사회운동(금주, 금연, 마약 재배와 복용의 금지, 산아 제한 등)은 남성보다 여성이 적극적으로 추진해 온 것이었다.

그와 같은 운동에 유럽과 미국뿐만 아니라 인도, 중국, 일본 등의 여성도 참가했던 것은 여러 연구에서 확실해졌다. 예를 들어 오스트레일리아의 역사학자 이안 티렐(Ian Tyrrell)은 19세기 말부터 20세기 초에 걸쳐 금주운동은 각국의 여성을 결속시킨 국제적인 것이었다고 밝혔다. 또한, 매슈 코널리(Matthew Connolly) 등의 역사가는, 우성학의 입장에서 인구, 산아제한을 열심히 주창한 여성에 대해 책을 쓰고 있다.

그럼에도 불구하고, 여성 해방이라는 이념이 세계 각지에서 현실로 되는 것은, 제2차 세계대전 후, 특히 인권의 개념이 의식에 침투한 1970년대 이후의 일이다.

이러한 현상도 또한, 국가 권력의 상대적 저하와 관련시킬 수 있다. 물론, 여성의 발언권이나 정치적 영향력이 높아짐에 따라, 중앙 정부나 의회에서 여성의 수가 증가하였기 때문에, 여성을 통해서 국가라는 존재가 재정의 된다는 해석도 가능하다. 어쨌든 간에, 현대 세계에서의 국가의 변모를 나타내고 있는 것은 틀림없다. 비내셔널적(nonnational)인 존재가 내셔널적(national)인 것으로 의미를 바꾸어 간다는 의미이다.

청년들끼리의 유대

비슷한 것은, 청년이나 고령자의 연령에 기초한 정체성에 대해서도 말할 수 있다. 청년끼리 국경을 초월하여 연결되는 것은 과거에도 있었던 현상이고, 국제 캠프, 대학 생활, 또는 해외여행 등을 통해 우호관계를 맺는 것은, 세계의 어느 지역에서도 볼 수 있는 현상이었다.

최근 영국에서 화제가 된 『패트릭 리 팔머 전(*Patrick Palmer*)』이라는 책에는, 고등학교를 졸업하지 못한 무명의 19살 청년이, 나치 등장 시기인 1933년부터 34년까지 독일 이외의 유럽 여러 국가를 여행한 것이 기록되어 있다. 이것을 읽으면 각지에서 놀랄 정도로 많은 청년들이, 국적이나 정치사상 등과는 거의 무관하게 연계가 있었다는 것을 잘 알 수 있다.

당시의 청년, 특히 남성은 대부분의 나라에서 병역의 의무가 있어, 서로 총을 겨누는 비극을 피할 수 없었다. 팔머도 처음 만나 친해진 독일 친구의 대부분을 전쟁에서 잃고, 그 자신도 전쟁터로 보내지게 된다.

그럼에도 불구하고, 평화의 시기나 전쟁 때의 만남의 기억이, 국경을 초월하여 같은 세대의 공통의식으로 사람들의 역사관을 형성해 나가는 것을, 많은 연구서나 자서전 등이 보여주고 있다.

예를 들어, 미군에 의한 전후 독일 점령을 연구한 페트라 게타(Petra Goedde), 또는 오스트리아의 빈 교외에 설립된 잘츠부르크 세미나에서 영미의 학자와 독일 그 밖의 나라의 청년이 전후 제일 먼저 교류하는 기회를 만든 과정을 연구한 폴커 버그한(Volker Berghahn) 등의 저작을 들 수 있다.

나 자신 미국과 일본의 국제 학생 세미나에서 아시아의 청년들과 만나, 그들이 직접 만남을 통해 화해하는 모습을 눈으로 직접 보았다. 미국 유학을 가능하게 해준 그루 기금도, 젊은 세대의 유대를 통한 평화 회복이라는 이념에 의해 지탱되어 왔다.

청년들끼리의 관계가 세계를 움직였다는 점에서, 1960년대는 강조할 만한 가치가 있다. 이러한 현상에 대해 최근 역사가, 특히 독일이나 미국의 젊은 학자들이 연구하고 있고, 이미 몇 개의 논문이나 저작이 발표되었다. 이들은 반전 활동 기록뿐만 아니라, 청년 세대의 연구로서 획기적인 것이다.

당시, 세계 각지에서 학생 운동이 있었고, 처음에 그것들은 각각 다른 이유에 의해 초래된 것이었지만(미국에서는 베트남전 병역 거부, 일본에서는 미·일 안보조약과 관련된 대학 분쟁 등), 점차 확대되어 미국이나 유럽, 캐나다, 일본 등을 묶는 세계적 흐름이 되어 갔다. 제2차 세계대전 전후에 태어난 세대가, 이른바 국경을 초월한 '반체제' 운동을 진행해 나간 것이다.

그것은 베트남 전쟁이나 냉전에 대한 반전에 머무르지 않고, 남녀관계나 인종 문제에 대해서 적극적인 사회 개혁을 추구하는 것이며, 나아가 문화면에서도 록음악(rock music) 등을 통해 국경을 초월한 네트워크를 만들어 나간 것이다. 종래, 각국 젊은이들이 병역 대상이 되었던 것에 대해, 평화와 개혁만이 자신들 세대의 목표라는 의식이 있었다.

그 이후 국경을 초월한 청년끼리의 연계가 세계나 사회를 어떻게 변화시켜 왔는지는, 일괄해서 말할 수 없지만, 그들의 상호 접촉이 국가 차원의 유대와 별도로 진행되어 온 것은 분명하다.

물론, 국가 간의 복잡한 관계는 이후에도 이어질 것이며, 세대보다 국적을 중요시하는 감각이 완전히 없어지는 일은 없을 것이다. 하지만 동시에, 경제 그 밖의 측면에서 글로벌화가 진행하는 시대에, 국가관계와는 다른 차원에서, 국경을 초월한 청년들끼리의 유대도 한층 밀접하게 될 것이라는 점은 쉽게 상상할 수 있는 일이다.

고령자에 대한 의식

국경을 초월한 비내셔널적 정체성(nonnational identity)이라는 점에서 고령자라는 의식도 최근 세계에서 상당히 중요해졌다.

앞에서 언급한 것처럼, 나는 세계 각국에서 같은 세대의 사람과 만나면, 일종의 친밀감을 느낀다. 서로 인생의 후반기를 보내고 있다는 공통의식이 있기 때문일 것이다. 그리고 퇴직후 연금 생활이나 노인 시설에 관한 화제도 그들을 공감시킨다. 자신들의 가족, 특히 자식들이나 손자, 증손자의 이야기도 자주 나오지만, 그것은 양(洋)의 동서와 시(時)의 고금을 막론하고 거의 비슷하게, 세대를 만드는 세계가 있다는 것을 실감하게 한다.

더욱 흥미로운 것은, 어느 나라에 살든 고령자가 수십 년동안 경험해 온 것은 서로 공유할 수 있는 것이 많다는 사실이다. 1925년쯤부터 1940년까지 태어난 현재의 고령자들은, 미국에서는 '침묵의 세대'라고 불리던 때가 있었는데, 그들의 대부분은 같은 세대끼리는 참으로 대화를 잘 한다.

그들 대부분은 제2차 세계대전을 자신들의 경험으로 기억하고 있다. 비록 이전에는 적국이었다 하더라도, 전쟁이라는 공통의 기억을 가지고, 더불어 다시 그러한 비극을 반복하고 싶지 않다는 마음으로 연결되어 있는 것 같다. 이것은 현대 세계에서도 아주 중요한 의식일 것이다.

고령자를 연결시키고 있는 것은, 물론 그러한 추억만은 아니다. 더 절실한 것은 건강관리, 특히 노쇠, 기억력 저하, 난시

난청, 보행 곤란과 같은 심신에 관한 것으로, 세계 각지에서 고령화가 진행되고 있기도 하고, 그와 같은 절실함은 보편적이라고까지 말할 수 있다.

예를 들어 2005년 시점에서, 75세 이상의 고령자는 미국에서 약 6.1%, 독일에서 약 8%, 일본에서 10% 가까이 차지하고 있다. 그와 같이 많은 사람들이 인생의 후반기를 어떻게 보내는가 하는 문제는, 이미 각국 공통의 문제로 되었고, 지금부터 그와 같은 의미에서 '국제 문제'로 되어 갈 것이다. 미국에서는, 고령자 시설에서 일하는 사람의 대부분은 외국 출신 청년이고, 이러한 점에서도 글로벌화는 진행되고 있다.

'장애자'들의 국경을 초월한 연대

물론 정신적 또는 육체적 장애를 가진 것은 고령자만의 문제가 아니다. 젊어서 사고나 질병으로 건전한 신체를 잃은 사람, 더 나아가서 태어날 때부터 육체적, 지적으로 장애가 있는 사람을 포함 하면, 세계에는 이른바 '건강한' 사람과 '장애인'이 항상 병존하고 있다는 것을 알 수 있다.

일찍이는 인간 사회라는 것은 '건강한' 사람들이 살고 만들어 가는 집단이라고 생각되었지만, 현재의 상황은 다르다. 영어에서 말하는 '신체장애가 있는(disabled)', 즉 '유능(able)'

하지 않은 사람들도 사회의 일원이고, 양자가 어떠한 형태로든 연결되어 있는 것이 '정상(normal)'적인 상태라고 생각할 수 있게 되었다.

많은 인종과 민족이 공존하는 것이 국가로서 '정상적인(normal)' 형태라면, 같은 사회 안에서 여러 '장애'를 가진 사람들이 사는 것 또한 당연한 것이다. 이러한 의식이 강해진 것은 비교적 최근의 일이지만, 이것도 글로벌한 인간관계의 하나의 측면으로 생각할 수 있다.

그와 같은 것을 잘 보여 주고 있는 것은, '장애인'으로서 정체성을 가진 사람들의 국경을 초월한 연대감이 예전과 다르게 강해지고 있는 것처럼 보인다는 것이다. 이것은 장애(신체적인 것이든, 심리적, 지적인 것이든 간에)를 가진 사람의 수가 과거와 비교하여 증가한 때문이라고 말하기보다는, 그들 사이의 연결이 과거 어느 시기보다도 증가하여 견고하게 된 때문일 것이다.

'건강한' 사람들이 육체적인 힘이나 기술을 겨루는 국제올림픽 후, 신체장애자를 위한 '장애인 올림픽(패럴림픽)'이 개최되기 시작한 것은 1960년 로마 대회부터이다. 이러한 행사를 운영하기 위해서는 다수의 '건강한' 사람들의 협력이 필요한데, 세계에서 '건강한' 사람과 '장애인'의 밀접한 연결이 그 당시 이미 만들어져 있었다는 것을 보여 주고 있다.

그 이후, 지적장애자도 동일하게 기회를 주어야 한다고 하여, 그들이 겨루는 '스페셜 올림픽(Special Olympics)'도, 미국 그 밖의 나라에서 개최되어 왔다. 이것은 아직 국제 수준의 것으로는 되지 않았지만, 그러한 방향으로 나아가는 것도 시간 문제일 것이다.

여기에도 현대 세계의 중요성을 특별히 강조해야 할 것이 하나 있다. 국가라는 것은 비슷한 인간끼리 시민으로 형성되어 있는 것이 아닌, 실로 많은 종류의 인간이 살고 있는 커뮤니티이다. 그와 같은 인식이 있기 때문에, 여성, 청년, 고령자, 장애를 가진 사람들은 모두 동일하게 자신들의 권리를 주장하고, 각각의 활동이나 생활의 공간을 가지려고 하는 것이다. 이전에 일본인은 외국에서 온 사람들을 '서로 다른 사람'이라고 불렀지만, 현재는 사회의 모든 사람들이 다양한 의미에서 서로 다른 사람인 것이다.

이와 같이 보면, 국가라 하더라도 실로 많은 정체성을 가진 인간이 살고 있다는 것, 같은 정체성을 가진 사람들이 국경을 초월하여 연결되어 있다는 것, 그래서 영구불변의 국가는 있을 수 없다는 것을 알 수 있을 것이다.

일본이나 여러 외국에서나, 국가라는 것은 '고유의 문화'를 가지고 있는 것이라는 이미지가 있지만, 어떤 나라도 '비국가적 정체성(Nonational Identity)'에 의해 형성되어 있다는 것을 생각하면, 단지 추상적인 국가라고 하는 개념만으로는 세계의 역사를 이해할 수 없다는 것을 이해할 수 있을 것이다.

이것은 국가 간의 관계에서 가장 잘 표현되기 때문에, 다음 장에서 생각해 보도록 하겠다.

제4장

전통적인 '국제관계'는
더 이상 존재하지 않는다

1. 파워게임의 한계

내교內交라는 현상

제1장에서 설명한 것처럼, 세계의 역사는 지금까지 국제관계를 중심으로 이해되는 것이 일반적이었다. 그 좋은 예가 시대 구분으로, 예를 들면 20세기는 제1차 세계대전, 제1차 세계대전 후(戰間期), 제2차 세계대전, 냉전, 냉전 후와 같은 시기로 나누어 정리되고, 전쟁이 각 시대를 특징짓는 것 같은 인상을 주었다.

그러나 그와 같은 지정학적, 현실주의적인 역사관을 취하면, 그것으로부터 누락되는 현상들이 많다는 것도, 이미 그 예로 '냉전 사관'을 비판적으로 검토하면서 설명한 대로이다. 세계의 대부분 사람들에게는 미·소 관계보다 훨씬 절실한 문제가 있었을 것이며, 원래 '국제관계'라 하더라도 대국 간의 관계를 의미하는 것이라면, 그것은 '인류'나 '세계'와 다른 것이다.

즉 반복하여 설명하지만 최근 세계사를 생각한 다음에, 국가를 중심으로 다루는 것은 너무 피상적이라는 것이다. 이 점에 관해서는 제2, 3장에서 지적한 것을 보면 확실할 것이다.

똑같이 국제관계를 통해 세계를 이해하는 것도, 시야가 너무 좁고 한정된 방법이다. 국제관계라는 틀에 들어가지 않는 현상은 무수히 많이 있고, 그것들을 경시하는 것은 세계의 움직임을 잘못알고 인식하는 것에 불과하다.

예를 들면, 일본에서는 미·일 관계, 중·일 관계, 한·일 관계와 같은 양국 간의 관계가 가끔 중시된다. 그러나 이와 같은 국가 단위의 관계는 전 인류나 전 세계로 뻗어나간 네트워크 가운데 극히 일부에 불과하다는 것을 항상 염두에 두어야만 한다.

더욱 더 중요한 것은 국가 간의 관계를 뜻하는 '외교'라는 표현 자체가 점점 시대에 뒤떨어지게 되었다는 것이다. '외교', 즉 밖의 국가들과의 교섭이 국제관계의 모든 것은 아니다. 각국의 국내에서 시시각각으로 변화하고 있으며, 국경을 초월한 관계가 밀접하게 되어 가는 시대에는 '외교(外交)'보다 '내교(內交)'라고까지 부를 수 있는 현상이 눈에 띄고 있다. 하나의 국가 가운데서도 외국이 존재하고, 어떤 국가의 주민이 해외에서 생활하는 점에서도 내(內)와 외(外)의 구별은 어려워지고 있다.

그와 같은 상태에서 특정한 두 국가 사이의 우호라든가 대립이라는 것은 결코 어떤 의미를 가지고 있는 것인가? 다시 생각해 볼 필요가 있을 것이다.

부활하는 이상주의

오늘날 여전히 현실주의 틀 속에서 국제관계를 다루는 학자와 지식인은 미국에서도 일본에서도 그 밖의 국가에서도 여전히 존재하고 있지만, 아직 주도적인 학설이라고 말할 수 없다.

원래 현실주의적인 국제관계론이 유력하게 된 것은 제2차 세계대전 이후라고 뜻밖에 생각할지 모르지만, 그때까지는 이상주의적인 해석이 많은 영향력을 가지고 있었다. 국가는 항상 국익을 둘러싸고 권력 투쟁에 열중한다는 의미가 아니라, 국제법을 체결하고 국제기구를 설립하기도 하면서 서로 협조하여 더 평화로운 세계를 구축하려고도 노력하였다는 생각이다.

다만 그와 같은 이상주의적인 해석은 제2차 세계대전이나 냉전에 이르는 '현실'과 너무 거리가 있었으므로 자취를 감

추어 버렸다. 1940년대와 50년대는 현실주의가 압도적인 영
향력을 갖게 되었다. 내가 미국의 대학이나 대학원에서 외교
사를 공부한 것도 이 시기에 해당되며, 일본에서도 1960년대
초기 현실주의적 시각이 점점 학계나 언론계에 침투해 가는
것을 보고 들었다.

이와 같은 상태에 변화가 생기기 시작한 것은 1960년대 후
반부터 이며 나 자신도 점점 현실주의와 다른 시각을 모색하
게 되었다. 그리고 현재 역사학에서 다시 이상주의, 내셔널리
즘 중심이 아니라 국제주의적인 관점이 부활하여 연구 대상
이 되고 있다는 것은 매우 흥미로운 현상이다.

분단된 세계와 연결되는 세계

주의해 주길 바라는 것은, 군사력 등 고전적인 힘을 분석
대상으로 하는 것을 부정한다는 의미는 아니다. 그것들은 국
제관계의 '모든 것'이 아니지만 '일부'인 것은 움직일 수 없
는 사실이다. 군사력 등이 그것 이외의 측면과 어떻게 관련하
고 있는지를 생각하지 않으면 안 될 것이다. 그러나 또한 지
정학적인 측면은 문화적인 측면의 반영에 불과하다고 정리
해 버리는 것은, 현실주의와 똑같이 너무 단순하다. 실제 '문
화 결정론', 즉 문화가 모든 것의 근원이라는 해석에 대부분

의 전문가는 동의하지 않는다.

그러면 어떻게 할 것인가?

하나의 가설로 내가 생각하는 것은 국제관계에는 군사력이나 경제력 등, 힘이라는 측면과 사상, 심리, 이상, 감정과 같은 문화적인 측면이 있다는 것이다. 이 두 가지가 가끔 합치하는 경우도 있지만 본래는 별개의 것이다. 따라서 국가 간에는 권력 정치적인 관계와 국경을 초월한 문화적인 관계가 있고, 전자는 잠재적인 대립이나 항쟁을 전제로 하고 있음에 반해, 후자는 세계의 국가들이나 사람들을 연결시키는 작용을 하고 있다.

극단적으로 말하면 어느 시대에도 지정학적으로 분단된 세계와 문화적 네트워크가 존재하는 세계가 있고, 이 두 가지는 본질적으로 별개의 것이라고 할 수 있지 않은가?

이와 같은 생각은 1980년대가 되면 적어도 부분적으로는 유럽, 미국, 일본에서도 받아들여지게 되었다. 그것은 우선 당시 세계에서 인권이나 환경 문제 등에 관심이 높아졌다는 것을 반영한 것이라고도 말하며, 또한 동시에 국경을 초월한 문화적 관계, 즉 문화의 글로벌화가 진전된 때문이기도 하다.

현대의 세계를 이해하기 위해서는 국가 간, 특히 강대국 간 관계에만 대상을 좁히는 것은 부적절하므로, 문화적인 관계에도 관심을 기울여야 한다는 생각은 그 이후 역사가 사이에서 신기한 것은 아니었다.

1980년대 후반에 유행한 '소프트 파워(Soft Power)' 개념도 그 실례이다. 조지프 나이가 1988년 출판한 『미국 파워(*American Power*)』에서 이 말을 사용한 이후 대중화하였다고까지 말할 수 있을 정도로 영향력 있는 표현이지만, 요컨대 군사·경제력 등과 같은 '하드 파워(Hard Power)'에 대해, 사상, 기술 그 밖에 문화면의 영향력, 즉 '소프트 파워'야말로 역사를 움직이는 원동력이고 그 힘을 갖지 못하는 국가는 '하드'의 측면에서 아무리 강력한 힘을 가지고 있더라도, 국제 사회에서 발휘하는 영향력에는 한계가 있다는 견해다.

이것으로부터 한발 더 나아가 평화적인 국제 질서의 구조는 군사력이나 외교에 의해서가 아니라 문화의 관계를 통해서만 가능하다는 견해도 나오고 있다.

1990년대가 되면 그와 같은 견해는 훨씬 폭넓은 범위에서 받아들여졌다. 그렇지만 그와 같은 문화 지상주의에도 문제가 있어 현실주의자로부터 그 이후 오랫동안 비판의 대상에 직면하였지만, 적어도 국제관계에는 군사 이외에 여러 가지 측면이 있고, 그 가운데서도 문화의 관계에 주목하지 않으면 안 된다는 시각은 지금 어느 국가에서도 받아들여지고 있다고 말해도 좋을 것이다.

그리고 이러한 현상 자체가 문화면에서의 국제적인 관계

를 보여 주고 있는 것이라고 말할 수 있을 것이다.

파워게임에 대한 고집

'국익'의 고수와 발전이라는 전통적인 국제관계의 개념이 만들어 낸 '파워게임'은 거의 의미를 가지고 있지 못한데도, 여전히 그것에 집착하는 정치가나 평론가가 보이는 것은 왜 그럴까?

예를 들면 1980년대 말 유럽과 미국 그리고 일본에서 폭넓게 읽힌 폴 케네디(Paul Kennedy)의 『강대국의 흥망(*The Rise and the Fall of the Great Powers*)』이나 90년대 중반 간행된 헨리 키신저(Henry Kissinger)의 『외교(*Diplomacy*)』 등은 전통적인 국제관계사이며 근대로부터 현대에 이르기까지 강대국 간의 관계를 추적한 것이지만, 이와 같은 저작은 발표된 시점부터 이미 시대에 뒤떨어진 역사관을 반영한 것이었다.

그런데도 이와 같은 견해는 여전히 영향력을 가지고 있다는 것은 현대 세계의 도래(到來)를 인식하는 것이 얼마나 어려운가를 말해 주고 있는지도 모른다.

시민 사회와 문화나 NGO 등을 통해 국제관계를 다루는 것보다는, 극히 일부 국가의 군사력·경제력에 초점을 맞추어, 마치 그것이 전 세계의 운명을 좌지우지하고 있는 것과 같은 착각을 하고 있는 쪽이 지적으로도 재미있으므로 심리적으로도 안심이 될 것이다.

그것은 전문가뿐만 아니라 정치가나 평론가 나아가서는 보통사람들에게도 말할 수 있는 것이다. 오늘에 이르기까지 단순한 파워게임의 틀에서 세계의 동향을 이해하려고 하는 경향에 불과하다. 그러므로 냉전이 종식되고 소련이 붕괴된다고 말한다. '현실주의자'는 처음부터 누구도 예측하지 못한 사태가 일어나더라도, 그것을 글로벌화하고 있는 세계와 연결시켜 생각하는 대신, 여전히 '강대국의 흥망'과 같은 발상법으로 '냉전 후'의 세계를 다루려고 하는 논의가 반복되었던 것도 이상한 것은 아니다.

냉전 후 미국이 '유일한 초강대국'이 되었다고 말해지고, 시간이 지나면서 미국은 이미 초강대국이 아닌가? 그렇다면 다음 초강대국은 어느 국가인가? 21세기의 초강대국은 중국인가? 등과 같은 성과 없는 논의는 변함없이 반복되고 있다.

그와 같은 생각은 진부한 파워게임의 틀에 얽매어 다루어지고, 세계가 여전히 국가 단위로 움직이고, 특히 강대국이 하는 대로 되어 버렸다는 식으로, 현대의 세계를 이해하기 때문에 도움이 되지는 않을 것이다.

지적 태만

물론 주권 국가는 여전히 존재하고 있다. 그러나 국가라는 단위로 세계를 이해할 수 있다고 생각하는 것은 현대나 과거를 혼동하는 것이다. 이미 말한 것처럼 현대 세계에서는 국가 그것의 성격이 변하고, 국가 밖의 인간 집단 그리고 네트워크가 영향력을 더욱 발휘하고 있기 때문이다.

국내·외 시민 사회의 성장과 상호관계, 그리고 전 인류적인 문제에 대한 관심이 높아지는 것을 보면 종래와 같이 국익의 관계만을 축으로 국제관계를 생각하는 것은 시대에 뒤떨어진 것임을 알 수 있을 것이다.

예를 들면, 미·일 관계는 일본 외교의 기조라고 지적되고 있지만, 현대 세계에서는 양국 간 관계라는 것은 점점 의미를 잃어가고 있다는 것을 기억해야만 한다. 일본에 미국이 중요하다는 것은 힘의 관계, 즉 일본이 미국의 '핵우산' 아래 있기 때문이라든가, 강대국화 하는 중국에 대해 양국이 균형을 유지할 필요가 있기 때문이라고 말한, 오래되고 낡은 방정식은 과거의 관점을 현대에 적용시키려고 하는 것이다. 그와 같은 관점에 기초한 '적극적 평화주의'를 주장하는 것도 처음부터 시대에 뒤떨어진 발상에 불과하다.

일본도 미국도 글로벌화하고 있는 세계 혹은 밀접하게 연계되고 있는 태평양 지역이라는 틀 속에서 다루어야 만하는 존재이다. 양국 간의 관계가 중요한 것은 세계에서 혹은 태평양에서 일본과 미국이 경제면, 사회면, 문화면에서 밀접한 관계를 구축하는 것이 현대의 바람이며, 극단적으로 말하면 전 인류의 희망과 합치하기 때문이다.

같은 것은 일본과 중국과의 관계에 대해서도 말할 수 있다. 양국은 경제와 문화 등 다방면에 걸쳐 맺어져 있으므로 군사력 비교나 영토 문제만으로 보는 것은 현상의 일부를 이해하는 것밖에 되지 않는다.

그런데도 일본, 중국 혹은 미국에서도 과거의 사상에 포로가 되어 버린 것이 적지 않다. 지리적인 경계를 토지뿐만 아니라 해양이나 영공에서도 정하고, 어떤 국가의 지배 아래 두려고 하는 것은 글로벌한 경제·문화관계의 진행을 무시하는 것과 같다.

그와 같은 낡은 생각에 사로잡혀 있는 하나의 원인은 역시 옛 생각을 변화시키지 않는 쪽이 새로운 관점을 수용하는 것보다 쉽다고 생각하는 태도일 것이다. 역으로 말하면 새로운 세계에 적합한 사상이나 인식을 정치가나 일반 서민도 서로 알려고 하는 것은 어려운 일이기도 하다. 지적 태만이라고도 이름 붙일 수 있는 현상이 아직 각국에서 보이는 것은 한탄스러울 뿐이다.

내셔널리즘의 저주를 넘어

'국익'이나 '파워게임'과 같은 틀에서 국제관계를 다루는 타성으로부터 점점 빠져나오기 어려운 것은 내셔널리즘이 여전히 영향력을 가지고 있기 때문이기도 하다.

국가가 있는 이상 내셔널리즘이 사라져 없어지지는 않는다. 그러나 일반적인 내셔널리즘은 보편적 현상으로 존속한다 하더라도, 그것이 대국의식과 연결되어 버린다면 국제관계를 힘의 차원에서 보는 습관으로부터 빠져나오기는 불가능할 것이다. '국익을 사수하지 않으면 안 된다', '강한 국가가 되지 않으면 안 된다'는 소박한 내셔널리즘도 또한 그렇다.

그와 같은 것을 모든 국가가 말하기 시작하면, 결과적으로 어떤 국가의 안전도 이익도 손해를 보게 되어 버린다는 옛날부터의 국제관계의 반복을 피할 수 없다.

현대가 요구하고 있는 것은 국가의 문화나 사회를 자랑하는 것 같은 내셔널리즘, 나아가 환경과 인권 등 세계의 여러 문제 해결에 적극적으로 관여하려고 하는 내셔널리즘일 것이다. 그와 같은 내셔널리즘은 인류의 글로벌한 관계를 공고하게 해주기 때문이다.

말하자면 글로벌화 시대의 국제관계를 이해하기 위해서는

예전의 국가, 내셔널리즘, 문화면에서의 국가의 존재, 그리고 그와 같은 국가가 서로 연계된 글로벌한 관련성을 만들어 가는 것 같은 내셔널리즘을 생각할 필요가 있다. 글로벌화와 관련되는 내셔널리즘이라고 말해도 좋다. 세계를 분단하는 것이 아니라 연결시키는 것과 같은 내셔널리즘이다.

그렇다면 힘이 아니라 문화 그리고 국가 단위가 아니라 세계적인 시야에서 국제관계를 재구축하기 위해서 어떠한 방법이 있을까?

근본적으로 내셔널리즘과 대치할 만한 것으로 국제주의(Internationalism)가 생각나지만, '국제'라는 표현에는 여러 가지 의미가 포함되어 있다. 그것은 국가와 국가 간의 협조관계를 강조한다는 점에서 한 국가의 이해만을 추구하는 내셔널리즘과 반대되지만, '국가와 국가 간'이라고 하더라도 정부 간의 외교관계와 민간 차원의 연계와는 같은 것이 아니다.

나를 포함하여 일부 역사가가 '국제적(International)'이라는 형용사를 주로 국가 간의 관계에서 사용하고, 민간 교류는 '국경을 초월하는(Transnational) 것'이라고 부르고 있는 것은 그 때문이다. 그러나 항상 내셔널리즘의 횡포와 폭주를 방지하기 위한 시도로 촉진되어 온 것임에는 변함이 없다.

더 나아가 생각하지 않으면 안 되는 것은 규모의 문제이다. 국제적(International)인 것과 국경을 초월하는 것(Transnational)

이라 하더라도, 그것은 반드시 전 세계, 전 인류를 포함하는 것이 아니라 주변 국가를 모두 포함하여 여러 국가 간의 관계를 나타내는 경우도 있으며, 조금 더 폭을 넓혀 대서양이든가 동아시아 등의 지역에서 관계를 생각하는 경우도 있다.

이것은 지역주의(Regionalism)라 불리는 것으로, 21세기 후반이 되면 편협한 내셔널리즘이나 국가 간의 무의미한 적대 관계를 극복하기 위하여 유럽 등에서 중요한 흐름이 되었다. 다음 절에서는 이 지역주의와 국제주의에 대하여 생각해 보고 싶다.

2. 지역 공동체의 탄생

내셔널과 글로벌 사이에서

국가와 국가 간의 쓸데없는 대립과 항쟁을 방지하기 위하여, 이웃 국가 간에 어떤 형태로든 공동체가 필요하다는 생각는 아주 오래 전부터 존재하였다. 예를 들면 프랑스, 독일, 이탈리아 간 혹은 미국과 중남미 여러 국가, 나아가 중국, 일본, 인도 간에 평화를 육성하기 위하여 지역 공동체를 만드는 안이 19, 20세기를 통해 자주 제창되었다. 영연방(英連邦)과 같이 영국을 중심으로 한 국가연합(Commonwealth)이 실제로 만들어지기도 하였다. 다만 그것은 과거의 대영제국의 틀을 계승한 것으로 주로 무역의 촉진을 목적으로 한 것이었다.

좀 더 포괄적인 지역 공동체가 구체적으로 형성되는 것은 20세기 후반에 접어들면서부터다. 현대 세계의 근본적인 특징이 글로벌한 성격에 있다고 한다면, 내셔널로부터 글로벌로 옮겨 가는 과정에서 혹은 양자를 연계시키는 접점으로서의 지역 공동체가 만들어진 것도 이해할 수 있다.

유럽공동체의 특징

그렇다고 하지만 1930년대 역사가 보여 주는 것처럼 지역 공동체라고 하더라도 실제로 어떤 특정한 대국의 지배 아래 놓이는, 말하자면 '비공식적인 제국(Informal Empire)'으로 변화하는 것이 아닌가라는 염려도 있을 것이다. 당시 독일, 일본 나아가 미국도 영국도 어떤 형태의 국가연합을 만들어 내려고 하였지만, 평등한 국가가 모인 집합체라고 말하지 않았다.

군사적, 경제적으로 강한 국가가 현실적으로 여전히 존재하는 이상 지역 공동체는 성립할 것인가? 그와 같은 염려는 오늘날에도 존재한다. 그러나 동시에 제2차 세계대전 후 몇 개의 지역조직이 만들어지고 그 몇 개는 거의 순조롭게 기능해 왔다는 사실을 부정할 수 없다. 그 가운데서도 아주 빨리 구체화된 것이 유럽공동체이다.

그 방향으로 다른 지역보다 먼저 시작한 것이 제2차 세계대전 후 프랑스와 독일의 지도자였다는 것은 당연한 추세였을 것이다. 양국은 19세기 후반 이래 70년 동안 3번 싸우고 귀중한 인명과 문화재를 소실해 버렸다. 똑같은 비극을 절대로 반복하지 않겠다는 결의에 이웃 국가들도 동조하고, 처음으로 서유럽 철강·석탄공동시장(ECSC)을 만들고(1951), 그것이 1957년 성립한 유럽경제공동체(EEC)로 연결되었다.

그 이후 영국 등의 참가를 거쳐 1993년 유럽연합(EU)이 탄생하였다. 그리고 2002년 영국 등 일부 국가를 제외하고 각국에서는 그때까지의 통화를 대신해 새로운 유로(Euro)가 사용되기에 이르렀다.

유럽공동체의 커다란 특징은 가맹국 간의 관세를 철폐하여 지역 내의 교역을 쉽게 한다는 것만이 아니라 이민, 환경, 인권과 같은 것에 대해서도 공통의 정책을 만들려고 하였다는 것이다.

이민에 관해서는 EU 가맹국 사이에서 원칙적으로 이동, 이주가 무제한이며, 어디에서 생활하고 일하든 개인의 자유이다. 그렇다고 하더라도 세제(稅制)나 사법제도 등은 여러 국가 간에 아주 다르므로, 어디에서 사는가에 따라 생활의 내용도 달라지게 된다.

특히 복지 정책, 예를 들면 보험 제도나 실업 대책에 대해서는 덴마크 등 북유럽 여러 국가와 그리스, 이탈리아 등 사이에 커다란 차이가 있어, 그 이외의 지역으로부터 좀 더 충실한 국가로 이주하려는 움직임은 끊이지 않고 있다.

나아가 2000년대 이후 동유럽 여러 국가도 EU 가맹이 허락되자, 폴란드, 루마니아 등의 국가로부터 독일, 영국으로 이주하려고 하는 사람들이 끊이지 않아, 그와 같은 이주를 제한하려고 하는 여론이나 정당도 나왔다.

그러나 그럼에도 불구하고 이주의 자유라는 원칙 그것을 철회하려는 움직임은 없다. 그와 같은 정책은 EU라는 지역 공동체의 존재를 근본적으로 부정하지 않기 때문이다.

원래 지역 공동체라는 것은, 지역 내의 사람들을 연결시켜 지역 이외의 사람들과 구별하려는 특수성을 가지고 있다. 따라서 EU 지역 이외의 사람에 대해서는 입국심사가 있고 경우에 따라서는 비자가 필요하며, 장기 체류나 취직에 대해서도 많은 제한이 있다. 그러나 일단 한번 가맹국으로 입국이 허가되면 다른 EU 국가로 나가는 것은 간단하다.

기억을 공유하는 커뮤니티

EU의 중요성은 경제나 거주에 관해 가맹국이 공동의 정책을 취하는 것에만 제한되지 않는다. 환경에 대해서는 하천이나 삼림을 오염으로부터 보호해야만 하고, 배출물 등에 대한 규제가 있으며, 인권에 대해서도 EU 여러 국가는 공통의 원칙을 지키는 것이 의무화되어 있다. 인권재판소도 있어 가맹국의 시민이 인권 침해를 받은 경우 가해자가 EU의 어느 국가의 개인이든 단체든 호소할 수 있다.

즉 유럽공동체는 공통의 이념에 따른 공동체(Community)라고 여겨지고 있다는 의미이다. 자연 환경이나 인권 옹호에 머무르지 않고 가맹국은 유럽이라는 개념 그리고 지금에 이르기까지 역사를 공유하고 있다는 인식이 존재하고 있다. EU의 본질이 '기억을 공유하는 공동체'라고 말해지는 이유이다.

유럽에서는 오랫동안 많은 비참한 전쟁이 있었고, 해외 식민지에서 아시아나 아프리카의 사람들을 착취, 박해하고 혹은 유대인의 학살 등 비극적으로 반성해야만 하는 과거의 역사를 가지고 있다. 그와 같은 사실(事實)을 사실(史實)로 인정하고 유럽 전체의 역사의 암흑적인 측면이었다고 생각하는 것이다. 한편으로 르네상스, 계몽 시대 혹은 근대 시민 사회의 형성과 같은 자랑스러운 과거도 가지고 있다. 그 모든 것을 프랑스도 독일도 이탈리아도 자신들의 공유 자산이라고 판단하는 것이다.

그와 같은 의식에 의해 지지되고 있기 때문에, EU는 일시적으로 경제 위기가 있었다 하더라도 존속해 왔다. 특히 2008년 시작된 아일랜드, 그리스, 이탈리아 등의 재정위기 때 그것이 시민에게 파급되어 실업률이 높았을 때도 EU 이탈을 주장한 것은 초국가주의적인 정당이나 그 지지자를 제외하고는 아주 적었다. 높은 실업률은 외국인 노동자 때문이라고 주장하는 배외주의자(排外主義者)들에게 관심이 향해지는 경우도 있지만, 그런 경우 외국인이라는 것은 EU 지역 이외의 중·근동이나 아프리카로부터 온 사람들을 가리키는 것이다.

따라서 적어도 유럽의 대다수 국가에서는 지역 공동체로서의 EU라는 개념이 일반화되어 있고, 지역 내 국가끼리의 관계보다는 유럽 전체로서 지역 외 여러 국가와 관계를 맺자는 입장이다. 그 점에서 국제관계라고 말하더라도 개별 국가 사이의 관계라는 것은 없어졌다.

아시아의 이미지

세계의 다른 지역에서는 아직 그와 같은 단계에 이르지 않았지만 국경을 초월하는 틀을 만들려는 움직임은 20세기 후반 이래 활발해졌다. 그 좋은 예가 아시아·태평양 지역이다.

아시아에서는 하나라는 생각 혹은 태평양 여러 국가는 하나의 세계를 형성하고 있다는 생각은 20세기 초부터 존재하였지만, 양자를 합하여 '환태평양(Trans Pacific)', '아시아·태평양(Asia Pacific)'이라는 말이 사용되게 된 것은 비교적 최근의 일이다.

유럽과는 달리 원래 하나의 문명 지역, 공통된 역사의 장소로서의 아시아라는 개념은 없었다. 먼저 나타난 것은 서양에 대한 동양(비서양), 특히 유럽과 미국의 제국주의로부터 희생자로서의 아시아(반유럽·미국)라는 견해이다. 이것은 러·일 전쟁 직후 터키로부터 일본에 이르기까지 일시적으로 확산되었다.

이러한 아시아의 이미지가 현실 국제관계에도 반영되게 된 것은 전전의 일본이 제창한 대동아공영권 구상이다. 그것은 서양의 세력과 영향을 추방하고, 아시아의 운명을 아시아인의 손으로 만들어 간다는 생각이었다. 1943년 도쿄에서 개최된 대동아회의 등은 그러한 기운의 표현이었다.

그러나 그러한 종류의 지역 개념은 이른바 일본에 의한 아시아의 대륙 진출을 정당화하기 위한 선전 문구의 범위를 넘는 것도 아니며, 다른 아시아 여러 국가로부터 받아들여지는 것도 아니었다.

게다가 제2차 세계대전 후 아시아는 하나로 되기는커녕 오히려 분열해 버린다. 중국, 한반도, 베트남 등에서는 내전이 계속되고 태평양의 많은 국가는 미국과 군사동맹에 들어가지만, 아시아 대륙은 소련이나 중국의 영향 아래 놓였다.

아시아에서 태평양으로

아시아에서 부분적이긴 하지만 지역 공동체로 향한 움직임이 시작된 것은 1967년 동남아시아 국가연합(ASEAN)이 탄생한 이후이다.

당시 베트남 전쟁은 아직 종결되지 않았지만, 동남아시아 5개국은 유럽으로부터 배워 지역적인 경제 통합체를 만들려고 하였다. 그 이후 베트남은 통일되고 회원국의 수도 증가하여 오늘날 10개국이 가맹하고 있다.

그러나 최근 ASEAN에 관계하고 있는 여러 지역조직이 시험되고 있다. ASEAN에 한국·중국·일본을 추가한 ASEAN+3는 좋은 예이다. 20세기 말 이러한 여러 국가의 소득이나 무역의 양은 비약적으로 확대되고 있다. 그것을 반영하여 특정 두 국가 간의 자유무역협정(FTA) 혹은 경제연계협정(EPA)으로 향한 교섭을 시작하였다. 동아시아와 동남아시아 전역을 포함한 경제 공동체 형성도 가까운 장래에 이루어질지 모른다.

그럴 경우 아시아에 한하지 않고 태평양 여러 국가도 포함한 공동체로 될 가능성이 있다. 태평양이 하나의 포괄적인 지역을 형성한다는 생각은 매슈 페리 제독이 일본에 내항한 19세기 중반 이미 존재하였지만, 그것이 현실적인 의미를 갖게 된 것은 태평양이 미국과 일본의 전장이 되었기 때문이다. 미국도 캐나다도 혹은 오스트레일리아에서도 자신들의 국가는 태평양 국가라는 의식이 높아가고 그것은 전후에도 없어지지 않았다.

하지만 냉전기 태평양은 '미국의 호수'라고 불렸듯이, 미국과 그 동맹국의 군사 기지가 산재하는 전략상의 의미로 보이기 쉽다. 그러나 1960년대 후반 이후 미국과 일본이나 중국과의 무역이 증대하고 아시아 여러 지역으로부터 이민도 점점 증가하게 되어, 원래는 유럽의 일부처럼 취급된 캐나다와 오스트레일리아, 뉴질랜드 등도 아시아·태평양과 떨어져 존재할 수 없게 되었다.

미국이나 캐나다 혹은 중남미의 멕시코, 페루, 칠레 등에서도 태평양 연안에 접하고 있는 주나 지방에서도 이전부터 대서양보다는 태평양에 친근감을 가지고 있다. 그리고 오스트레일리아와 뉴질랜드도 지리적으로 동남아시아 여러 국가에 가깝기도 하고, 점점 자신들은 아시아의 국가이기도 하다는 의식이 높아가고 있다.

그와 같은 흐름이 있어 아시아·태평양의 전역을 하나의 커다란 공간으로 다루는 움직임이 20세기 말부터 21세기 초에 보이기 시작한 것도 이상한 것은 아니다. '아시아·태평양'이라는 말이 회자된 것은 1989년 창설된 APEC(아시아·태평양 경제협력회의)에서 이미 사용되었다.

APEC에는 한국, 중국, 일본, 베트남, 태국, 필리핀, 싱가포르 등을 포함해 러시아, 오스트레일리아, 뉴질랜드, 미국, 캐나다 나아가 멕시코나 페루도 참가하고 있다. 아시아와 태평양이 각각 존재하고 있는 것이 아니라, '아시아·태평양'이 하나의 지역을 형성하고 있다는 자각은 그 이후에도 한층 강해졌다.

또한 '퍼시픽 림(Pacific Rim)'이라는 표현도 있지만 림(Rim)이라는 것은 외곽이라는 것으로, 태평양을 에워싼 여러 국가를 의미한다. 혹은 환태평양(Trans Pacific)이라는 말도 있다. 이 트랜스(환)는 태평양 전역이라는 의미만이 아니라, 태평양에 접하고 있는 아시아 여러 국가 그리고 극동러시아까지도 포함하고 있다.

환태평양경제동반자협정(TPP, Trans Pacific Partnership)에는 원래 2006년 뉴질랜드 등 4개국으로 발족하였지만 몇 년 후 미국이 교섭 참가를 표명하고부터 짧은 기간 동안 캐나다, 오스트레일리아 등도 참가를 표명하고 일본도 2013년 가맹을 목표로 교섭을 시작하여 현재 협정 타결의 막바지 단계에 있다.

'과거'를 어떻게 공유할 것인가

이와 같은 움직임이 보여 주는 것처럼 적어도 경제면에서는 아시아·태평양 지역은 EU보다 우위에 서지도 열세에 있지도 않는 지역 공동체로 성장해 왔다. 미국이나 캐나다를 포함한 아시아·태평양 전역의 무역 총액은 21세기 초 이미 세계 총액의 50% 이상이 되고 있다. 그럼에도 불구하고 '역내 무역'액은 '역외 무역'액을 초과하고 있다. TPP가 성립하면 이와 같은 경향에 한층 박차를 가할 것이다.

그러면 아시아·태평양지역에서도 이윽고 EU와 같은 경제 이외의 측면에서 문화나 사상을 공유하게 될 것인가?

그것은 매우 어려울 것으로 보인다. 이 지역에는 유럽 이상으로 다종다양한 사람들이 거주하고 있으므로, '유럽'이라는 개념이 의미하는 것과 같은 역사의 공유성이 없다. 태평양 지역 가운데 서양 문명을 정체성의 근거로 해온 여러 국가들도 있으며, 아시아 문명권에 속한다는 의식을 가진 사람들도 있다. 그리고 수천 개에 이르는 개성 넘치는 섬들도 있다.

그런데도 일본과 중국 혹은 한국과 일본과 같이 같은 문명권에 속한 국가들조차 가끔 '역사 인식' 문제로 충돌하고 있다. 하물며 아시아, 폴리네시아, 유럽, 미국 원주민 등의 선조를 가진 사람들 사이에 공유하는 역사 감각이나 '기억' 등이 있다고 생각할 수 없는 것이 아닌가?

확실히 그렇다고 볼 수 있다.

그러나 그렇기 때문에 아시아·태평양의 지역으로서 장래

는, 같은 '과거'를 그릴 수 있을지 어떨지에 달려 있다고 말할 수 있다.

예를 들면, 1500년대 동아시아나 동남아시아는 남아시아(인도) 나아가 그 서쪽의 아랍이나 이슬람 세계와 깊은 관계가 있었고, 태평양 섬들이나 미국 대륙과 거의 관계가 없었다.

그렇지만 1490년대 유럽에 의한 미국 대륙의 '발견' 이후 멕시코나 필리핀 혹은 중국 등이 은(銀) 무역 등을 통해 연결되고, 19세기가 되면 많은 수의 중국인이 베트남, 태국(샴), 오스트레일리아 등으로 이주하게 된다. 이러한 역사는 아시아·태평양에 속하는 모든 국가나 사람들이 공유할 수 있는 것이다.

그 이후 19세기 후반부터 20세기 중엽에 이르기까지 유럽과 미국이나 일본의 제국주의, 나아가 일본과 중국·미국 등의 전쟁으로, 아시아·태평양은 분단되어 버렸지만 이것도 이 지역에 살고 있는 사람들의 공통의 체험이다. 유럽에서도 똑같이 과거의 전쟁도 공유되는 역사의 일부가 될 수 있다.

아직 그 단계에 이르지 못하였다 하더라도, 특히 일본과 과거 피침략국이었던 중국, 한국, 인도네시아, 필리핀 등과 같은 국가들 사이에서도 그 상태가 언제까지나 변하지 않는다고 단정 짓기는 어려울 것이다.

기억의 공동체를 목표로

'역사 해석'은 항상 변할 수 있는 것이지만, 역사 그것은 바꿀 수 없는 것이다. '역사를 이해한다'는 것은 과거의 사적을 공부하고 현대와의 관계를 생각하는 것이다. 과거가 엄연하게 존재하는 이상 그것은 어느 국가의 사람들에게도 부여된 공유 재산이다. 그러한 의미에서 인류의 역사는 이미 공유되어 있다는 의미이다.

만약 공통적인 '해석'이 없어도 역사 자체는 변함이 없다. 그 존재를 부정할 수는 없는 것이다. 이와 같은 의식이 높아지면 아시아·태평양 지역도 유럽과 같이 '기억의 공동체'로서 자각이 생길 것이다.

세계의 다른 지방, 예를 들면 남아시아, 중·근동, 아프리카도 각각 공동체로서의 의식을 자각하기 시작하였다. 다만 이들 지방에서는 극단적인 내셔널리즘이 지역의식의 발달을 방해하고 있다는 것보다는 종교, 종파, 부족 등의 대립이 근본적으로 문제되고 있다.

그러나 그럼에도 불구하고 장기적인 측면에서 보면 글로벌화하는 세계 속에서 존재하는 한 지역적인 통합으로 향하는 것을 피할 수 없는 것이 아닌가?

만약 국가 간에서는 지역 공동체 수립을 향해 협력하는 데

손이 많이 가더라도, 현실에는 이미 사람·돈·물건의 차원에서 이런 저런 연계가 되고 있다. 민간 사회의 사이에서 혹은 개인끼리 형성되는 네트워크는 무한하게 계속 확대하고 있다.

　국제주의(Internationalism) 그리고 글로벌리즘(Globalism)의 흐름은 어떠한 지역도 예외가 되지 않는다.

3. 국제주의의 도전

국제주의의 기원

전통적인 국제관계의 개념이 이미 통용되지 못하고 있는 이유 중의 하나는 앞 절에서 본 것처럼 지역주의에 더해 국제주의(Internationalism)의 흐름이 강해지기 때문이다. 나아가 뒤에서 설명하는 것처럼, 국제주의 자체보다 글로벌한 방향을 선택하고 글로벌리즘이라 불리는 움직임으로 계속 이동하고 있다.

국제주의(국가와 국가의 사이를 연결하는)의 흐름은 근대 국가가 출현하기 시작한 17세기경부터 유럽에서 나타났다. 복수의 국가가 각각 자국 중심의 이익을 추구하는 것 같은 상태에서, 그것과는 반대로 국가 간의 평화를 유지하고 상호의존적인 관계를 만들어 가야만 한다는 생각이 생겨난 것은 당연한 것일 것이다.

국가(Nation)가 각각의 주권을 주장하고 이익(National Interest)을 추구하는 것에 있다면 국가 간의 마찰과 충돌은 피할 수 없다. 그렇게 되면 국제관계는 항상 긴장 상태에 놓이게 된다. 전쟁 준비가 계속되고 정말로 전쟁이 발생하면, 어느 국가에서도 경제적으로 불안정하게 되어 최악의 경우에는 국가의 존재 자체가 위협받지 않을 수 없다.

그와 같은 염려로부터 전쟁의 가능성은 줄이고, 만약 전쟁이 발발할 경우에도 그 범위나 피해를 가능한 한 제한하여야 한다는 생각이 '전시의 법칙' '전쟁법'이라는 개념으로 이어지고, 그것이 이윽고 국제법으로 구체화되었다. 그 시작은 17세기, 30년 전쟁(1618~48년) 이후까지 거슬러 올라가, '전쟁과 평화의 법'으로 체계화되게 되었다.

그 이후 근대 과학과 산업 발전에 의해 종래보다도 한층 파괴적인 무기가 출현한다. 거기서 그와 같은 무기 사용을 제한하기도 하고, 병사 이외의 말하자면 민간인에 대한 피해를 최소한으로 하거나, 포로 취급을 적어도 인도적으로 하기로 정하는 조약이나 협정도 맺어지게 되었다. 다만 이것들은 전쟁의 피해를 줄이려고 하는 것으로 전쟁 그것의 발생을 방지하는 것은 아니었다.

물론 전쟁 자체를 미연에 방지하려는 것, 말하자면 평화로 향한 움직임도 이전부터 있었다. 그것이 국제주의의 일각(一角)을 형성해 갔다.

예를 들면, 유럽에서는 18세기 말부터 20년 이상 계속된 전쟁(말하자면 나폴레옹 전쟁) 시작 전, 1795년 독일의 철학자 이마누엘 칸트는 『영구 평화를 위하여(*Zum ewign Frieden*)』를 저술하였다. 그 이후 카를 마르크스, 프리드리히 엥겔스가 주도한 사회주의도, 러시아의 문호 톨스토이의 무정부주의도, 혹은 세계 공통의 언어를 만듦으로서 평화의 기회를 높이려고 한 에스페란토 운동도 넓은 의미에서 국제주의의 예이다.

이와 같은 사상으로의 국제주의가 아니라 국제적인 제도를 통해 전쟁을 방지하려고 하는 움직임도 19세기 말부터 나타났다.

국가 간의 분쟁 해결을 위하여 재판소를 만들려고 하는 움직임은, 1899년 헤이그에서 개최된 국제회의에서 제창되고, 1901년 말하자면 상설중재재판소가 설립되었다. 제1차 세계대전 후 국제연맹과 국제사법재판소도 탄생하였다. 어찌되었든 간에 국가 간의 대립을 완화하여 평화적 해결을 찾고, 그럼에도 불구하고 불행하게도 전쟁이 발발한 경우에는 조기에 해결을 시도하려고 하였다.

너무 이상주의적이지 않은가?

내셔널리즘이 각각의 국익 추구를 근본적인 명제로 다루는 것에 대해, 국제주의는 국제 사회 전체의 이익이나 안정이 선결과제라는 사상이다. '우리나라'가 아니라 '우리들의 세계'가 그 시야에 있다.

물론 국가라는 존재를 부정하는 것은 아니지만, 세계의 수많은 국가 간의 평화스러운 관계를 유지하기 위한 제도를 만들고, 국가와 국가를 연계한 운동을 하려고 한다. 그 근저에 있는 것은 국가 간에 잠재적인 대립이 있어도 시민끼리의 연계는 가능하다. 세계의 사람들은 근본적으로 평화스러운 관계를 바라고 있으며, 그 결과 국가라는 존재도 반드시 배타적인 것이 아니라 다른 국가와의 공존과 협조를 바란다는 인식이다.

그것이 너무 이상주의적이라는 비판은 원래 있었다. 만약 어떤 국가가 평화나 국제 협조를 믿고 추구하였다 하더라도, 다른 국가가 같은 태도로 있다고 제한할 수 없다. 오히려 국제 협조주의로 기우는 국가는 그 정도는 아니지만 국가의 야심을 증대시킨 나머지 주권까지 침범해 버리지 않을까?

국가의 근본 명제는 스스로 존속하는 것이며 그렇기 때문에 '국익'을 지켜내지 않으면 안 된다. 그 과정에서 이웃 국가와 평화적으로 공존하는 것도 가능하지만, 평화나 친선이라는 보편적 개념을 대외관계의 기본으로 하기에는 비현실적이다. 현실적으로 국력, 국가의 위신, 국민의 단결 등을 기본으로 외교 정책이나 군사 전략을 만들지 않으면 안 된다. 그와 같은 국제관계를 전개하는 현실주의는 유럽과 미국뿐만 아니라, 세계 여러 국가에서 오랫동안 영향력을 가졌다.

특히 제1차 세계대전 후 국제연맹 설립이나 전쟁을 '비합법'이라고 한 만국평화조약(1928년)은 결국 평화를 가져오지 못하였을 뿐만 아니라 수년 후 아시아나 유럽에서 전쟁을 방지하지도 못하였다고 생각되었다. 제2차 세계대전 후 정치가나 지식인 사이에서도 국제주의를 매우 비현실적인 이상주의라고 치부해 버리는 경향이 있었다.

나를 포함하여 역사가도 똑같이 과거의 전쟁도 평화도 근본적으로 힘의 관계라고 보는 경향이 주류였다. '평화'라는 이름의 국제 질서도 일시적으로는 여러 국가가 병력, 경제력 등의 균형을 기초로 만들어 내는 것으로(세력 균형), 그것이 오랜 동안 지속할 가능성은 제로(Zero)에 가깝다고 지적되었다.

동맹관계도 또한 그렇고 단기적으로 유리한 통합이라 하더라도 장기적으로는 신뢰관계가 구축되지 않는다는 생각이 전문가 사이에서도 영향력을 가지고 있다. 내셔널리즘이 국제주의보다 우선한다는 의미이다.

현실주의는 냉전 종식을 설명할 수 없다

국제주의를 역사가가 신중하게 다루려고 한 것은 20세기 말부터일 것이다. 냉전기에는 현실주의의 분석틀만 가지고 국제 정세를 취급할 수 없었기 때문이라는 것이 전문가 사이에서 일반적이었다. 대국 간의 힘의 균형을 유지하는 이외에 장래에 대한 전망을 세우기 어려웠고, 현상 타파는 무력 특히 핵무기의 충돌로 이어질 수밖에 없었기 때문이다.

그러나 실제로 냉전은 제3차 세계대전을 초래하지 않고 종결되었다. 그렇기 때문에 이론이나 역사 해석으로서의 현실주의는 그때까지와 같은 영향력을 잃어버리고 말았다.

그렇지만 미국(혹은 구소련)의 현실주의가 냉전을 종식시켰다고 보는 것도 불가능하지 않지만, 그와 같은 시각이 피상적이라는 것은, 예를 들면 예전의 선구적 현실주의자이었던 조지 케넌(George Frost Kennan)이 1980년대 후반 이상주의, 특히 국제주의를 재평가하게 된 것으로부터도 엿볼 수 있다.

그때까지 현실주의적인 해석을 받아들인 많은 역사가들도 냉전 종결을 설명하기 위하여, 그것을 대신하여 새로운 분석틀을 모색하지 않으면 안 되었다. 그 과정에서 국제주의가 학문적으로도 부활하였다.

다시 말해, 냉전 종결은 단지 미·소의 힘의 균형으로 이해해 버릴 것이 아니라, 양 국민의 긴장 완화에 대한 희망과 핵무장에 대한 국제적인 반대 운동 등 넓은 의미에서 국제주의와도 관련짓지 않으면 안 된다. 그리고 냉전의 역사만이 아니라 국제관계 그 자체도 새로운 시각으로 다루어야만 한다는 기운이 높아가고 있다.

평화의 적극적인 의미

평화란 단지 전쟁이 없는 상태를 나타내는 것뿐만 아니라, 더 적극적인 의미가 있는 것이 아닌가? 평화는 힘의 균형에 의해 만들어지는 것이 아니라 각국 간의 접촉, 교류, 우호관계에 대한 공통의 희망 등에 의해 초래되는 것이 아닌가? 그와 같은 해석이 국제주의의 재평가로 이어진다는 것도 이상할 것이 없다.

국제관계를 전공으로 하는 역사가들 사이에는 그때까지 현실주의자에게 무시되었던 국제연맹과 그 이외의 국제 조직에 대한 관심의 고조, 1980년대 이후가 되면 과거의 이상주의에 대한 재평가가 진행되게 되었다. 제1장에서 설명한 것처럼, 내가 1986년 출판한 『20세기의 전쟁과 평화』라는 책은 이와 같은 문맥으로 자리매김할 수 있는 것이다. 여기서 나는 평화가 가지고 있는 적극적인 의미나 평화를 구축하기 위한 많은 사람들이나 조직이 어떠한 노력을 해왔는지를 조사하였다.

또한 1997년 미국에서 출판한『문화 국제주의와 세계 질서(*Cultural Internationalism and World Order*)』라는 작은 책도 국제주의의 문화적 측면에 빛을 비추고자 한 것이었다. 이 책의 일본어판이『권력 정치를 넘어서(權力政治を超えて―文化国際主義と世界秩序)』라는 제목으로 출판된 것도 확실히, 종래 권력 정치 중심의 국제관계사에서 누락된 현상을 고찰한 것이었다. 20세기에 문화적 교류나 상호 이해를 통해 평화적인 세계를 구축하려는 국제주의자가 각국에 있었던 것만으로, 그리고 그들의 노력이 궁극적으로 제2차 세계대전 후 유네스코 설립 등을 가능하게 하였다는 것에 대하여 설명하였다.

젊은 학자들 사이에서, 최근 주권 국가 간의 세력 다툼과 같은 진부한 주제가 아니라, 그것에 대한 새로운 움직임으로 국제주의를 연구하는 사람들이 증가하고 있다는 것은 매우 기쁜 일이다.

내셔널리즘에 대한 도전

어쨌든 간에 현대의 세계를 이해하기 위해서는 예전의 현실주의적 국제관계론의 틀은 그 필요성이 줄어들었다.

물론 내셔널리즘이 아직 계속 있으며, 전통적인 국익의 충돌(예를 들면, 영토 문제를 둘러싼 분쟁)도 자주 발생하고 있다는 것은 일본과 중국, 한국 간의 관계를 말해 주고 있다.

　그러나 그와 같은 옛날과 다름없는 사건에만 관심을 빼앗기고 있다는 것은 현대를 이해하는 데 방해가 되어 버린다. 현대 세계에서는 과거의 세계와 달리 국제주의의 영향력도 무시할 수 없게 되어 버렸다.

　그것은 예를 들면 영토 문제는 국제기관의 결정을 받아야 한다든가, 유엔에 호소하여야 한다든가 혹은 지역 질서의 틀 속에서 이해하여야 한다든가 라는 의견에서도 엿볼 수 있다.

　한층 더 흥미로운 것은 한국, 중국, 일본의 경제적·문화적인 관계를 한층 강화함으로써, 영토문제를 상대화시켜 분쟁으로까지 연결되지 않도록 피해야 한다는 견해와 그것에 기초한 구체적인 활동이 각국에서 보인다. 내셔널리즘에 대한 국제주의의 도전이라고 말해도 좋을 것이다.

　다만 국제주의는 이론적으로도 현실 문제로서도 한계가 있다. 왜냐하면 그것은 원래 국가의 존재를 전제로 하고 있기 때문이다.

　복수의 국가가 존재하는 한 어떠한 분쟁도 끊이지 않을 것이다. 그러나 글로벌화의 시대에서는 국가라는 단위에 포함되지 않는 말하자면 트랜스내셔널한 현상 또한 그 기운이 증가하고 있다.

그와 같은 현상을 이해하기 위해서는 '국제적(International)' 보다는 '글로벌'(혹은 '트랜스내셔널'), 즉 국경을 초월한 혹은 국경과는 무관하게 세계 각지에서 만들어지고 있는 네트워크에도 주목할 필요가 있다.

다음 장에서는 이 점에 대해서 생각해 보고 싶다.

제5장

보편적 '인간'의 발견

1. 세계를 바꾼 인간관

글로벌리즘이라는 개념

앞 장에서 살펴본 국제주의(Internationalism)나 지역주의 (Regionalism)는, 국가 간의 협조를 추구하는 것이다. 이에 대하 여, 나라의 울타리를 벗어나 시민이나 민간 조직 사이의 공통 의 목표를 실현하기 위해 협력하거나, 네이션과는 다른 정체 성(인종, 종교, 성별, 언어 등)을 공유하는 사람들과 함께 행동하 려는 움직임도, 현대의 세계에서 영향력을 키워 왔다.

이러한 활동의 배경에 있는 사상은, 글로벌리즘(세계주의) 또는 트랜스내셔널리즘(Transnationalism)이라고 불리고 있다. (트랜스라는 전치사에는 넘는다, 연결한다는 두 가지의 의미가 있어, 규정 하기에 어려움이 있다. 초국가주의라는 명칭은 보통, 극단적인 내셔널리 즘이라는 것을 지칭하기에 올바르지 않다. 여기에서는 주로 영어 그대로의 트랜스내셔널리즘이라는 표현을 쓰도록 하겠다.)

글로벌리즘이라 하면, 그것은 미국화(Americanism)와 동일하지 않을까라고 생각하는 독자도 있을지 모르겠다. 세계를 지배하는 사상이라든지, 글로벌 경제라고 하는 단어가 미국의 절대적인 영향을 연상시키는 것은, 그만큼의 이유가 있을 것이다. 20세기는 미국의 세기라든지, 유일한 초강대국으로서의 미국이라 하는 표현이 의미하는 것은, 미국의 군사력, 경제력, 그리고 무엇보다도 문화의 힘(즉, 소프트 파워)이 어느 나라의 추종을 허락하고 있지 않다는 것이다. 그러므로 글로벌리즘이라는 것도, 실제로는 미국의 지배를 넓히려고 하고자 하는 것이 아닌가라고 생각되는 것이다.

하지만, 제1장에서도 조금 다루었듯이 그러한 견해는 나라와 나라 사이의 장벽이 낮아지고 있는 현대에서는 시대에 뒤떨어진 것이 된다. 미국을 포함하여 모든 나라는 글로벌하게 연계된 세계에 존재하고 있다. 이러한 세계에서 미국이 세계 전체를 여러 가지로 움직이고 있음과 동시에, 세계도 또한 미국에게 영향을 주고 있는 것이다. 즉, 미국 자체가 글로벌화되어 있는 것이고, 그것은 바꿔 말하면 미국 사회가 세계의 영향으로 시시각각 변천하고 있다는 것을 나타내고 있다.

이렇게 글로벌화되고 있는 여러 국가들이 이루고자 하는 하나의 목표가 세계주의라고 하면, 그것은 종래의 국가 단위의 세계와는 다른 것을 이루고자 한다고 말할 수 있다.

글로벌리즘, 즉 지구(Globe) 전체의 번영을 목표로 하는 개념은 국익 추구를 지향하는 내셔널리즘과 반대된다. 지구라고 하는 혹성을 하나의 단위로서 보는 것이다. 그것은 당연히 거기에 살고 있는 모든 생물의 공존을 추구하는 것이 되고, 환경 보호운동으로 이어지는데, 그 경우에는 지구라고 하기보다는 행성(the planet)이라 부르는 것이 적절할지도 모른다(실제로 플래니터리즘Planetarism이라는 영어도 있다). 글로벌리즘은 국가 단위가 아닌, 전 인류의 평화와 번영을 추구하는 의미를 가지고 있으므로, 세계주의라는 번역이 적절할 것이다.

보편적 '인간'이란?

전 인류의 평화와 번영을 바라는 것은 어느 시대에도, 그리고 어느 문화에서도 존재한다. 기독교, 이슬람교, 불교, 유교 등과 같은 종교는, 모든 사람들에게 적용되는 교의(敎義)를 추구해 왔고 지금도 그러하다. 그 중심적인 관심사는 '인간이란 무엇인가'라는 문제이다.

하지만, 세계에서 여러 가지 관계가 생기면, '인간이란 무엇인가'라는 문제는 이전에 없을 정도의 현실성을 띠게 되는 것이다. 글로벌한 시대에, 각각의 국가나 사회를 떠나 보편적인 '인간'을 어떻게 파악하고, 전 인류의 상호관계를 어떻게 받아들이면 좋을까라는 문제를 피할 수 없다.

내셔널리즘 전성기에는 인간이라 해도 보편적인 존재가 아닌, 개별 국가의 국민으로서의 의미가 근본이었고, 어떤 국가에서 태어나, 그 나라를 위해 헌신하고, 태어난 나라에서 인생을 마감하는 것이 전형적인 개념이었다. 국가와 개인과의 관계는 영원히 계속되는 것으로 여겨져 왔던 것이다. 이러한 견해를 취하면, '어디서 태어나든 모든 인간은 똑같다'고 하는 생각은 버리지 않을 수 없다.

반면에, 비국가 정체성(Non National Identity), 즉 성별, 종교, 인종 등을 강조하는 견해를 가지면, 이번에는 인류의 다양성이 강조되어, 보편적인 인간이라는 개념과 연결되기 어렵다.

물론, 기독교, 이슬람, 불교, 그 외의 종교에서도 만인은 평등하다는 가르침은 존재한다. 단 이념적으로는 그렇다 해도, 실제로 자신과 다른 종교를 믿는 자를 배척하거나, 또는 개종하려고 하는 운동도 오랜 세월 동안 존재해 왔다. 세계 인류의 공통성과 다양성이라는 주제는 결코 최근에 나타난 것이 아니라, 고대부터 존재해 왔던 것이다.

하지만, 인류가 가진 이 공통성과 다양성을 어떻게 연결지어 생각하면 좋을까라는 근본적인 문제의 해답이 주어지기도 전에, 20세기의 비극은 일어나 버렸다. 특히 제2차 세계대전이라는 국가 간, 인종 간, 종교 간의 대립, 증오, 차별로 시작되어, 지금까지 인류의 문명을 부정하는 것과 같은 대학살로 끝나는 사태에 도달해 버린 것이다.

그렇기 때문에, 인간이라는 존재는 어느 나라에 거주하든, 어떠한 종교를 믿든, 또는 성별, 연령, 인종 등의 어떠한 구별이 있어도, 근본적으로 모든 것은 동일하다는 신념이 세계 각지에서 명확하게 의식되게 된 것은, 제2차 세계대전 이후의 일이다. 인간성이 부정되어 지는 정도의 야만행위를 거쳐 비로소 '인간'이 재발견된 것이다.

하지만 그것뿐만 아니다. 더욱 근본적으로, 전전부터 전쟁의 시대, 그리고 전쟁을 거쳐, 그동안 보지 못했던 연결이 사람들 사이에서 생겨난 것은 사실이다.

전쟁터, 포로수용소, 또는 전쟁 재판 등을 통한 관계도 물론이지만, 수천만 명에 달한 피난민, 외국이나 해외 식민지로부터 철수해 오는 사람들, 더 나아가서는 식민지 해방 후의 인구이동 등으로, 실로 많은 만남이 이루어졌다.

이러한 경험을 통해서, 어떤 나라 어떤 인간이라 할지라도, 같은 운명을 공유하고 있다는 인식이 생겨났다. 적이든 같은 편이든 인간은 모두 인간인 것이고, 죽을 때 국적은 관계없다. 누구에게나 생명의 존중이라는 원칙은 공통적인 것이고, 그 원칙을 토대로 서로 관계해 나가는 것이 평화로운 세계의 중요한 축인 것이다.

그렇기 때문에 평화로운 세계의 구축은 먼저 모든 사람들의 인간성을 인정하고, 관계를 밀접하게 하는 것으로부터 시작되지 않으면 안 된다.

인권의 탄생

이러한 생각이, 1948년 유엔 총회에서 채택된 '세계인권선언'에서 구체적으로 되었다.

인권(Human rights)은, 모든 사람이 가지고 있는 권리로서, 그것은 국적, 성별, 인종 등과는 전혀 상관없다. 시민권보다 이전에 인권이 있고, 국가보다도 이전에 인류가 존재하는 것이라는 생각이다. 그러한 신조를 국제사회가 받아들이게 된 것은 획기적인 것이었다.

전후, 독일이나 일본에서 행해진 연합국에 의한 재판에서도 '인권(휴머니티)에 대한 죄'가 전쟁 범죄의 하나로 정해져 있었다. 종래의 국제법의 대상은, 어떤 나라에 의한 침략행위나 전쟁 중의 포로에 대한 학대 등이었다. 그것이, '인간에 대한 죄'라는 개념으로서, 예를 들어 나치 독일에 의한 유대인이나 로마(말하자면 집시)의 살해 행위는, 피해자의 국적에 상관없이 그들의 인간성을 부정한 것으로 간주되어 죄를 묻게 되는 것이다.

이러한 행위는 평상시에도 발생할 수 있는 것이므로, 이 새로운 개념은 인간관, 그리고 세계관마저 변화시키는 정도의 의미를 가지고 있다.

인권을 중심으로 보자면, 진정한 세계 평화는 모든 사람들이 인간으로서의 존엄을 확보하고, 권리를 보호받지 못한다면 존재할 수 없다는 것이 된다. 물론 이러한 세계는 현실과 아직 멀었다. 그 전제인 인권을 인정하지 않는 나라나 종파, 사상도 여전히 존재하고 있다.

그렇지만, 제2차 세계대전 전과 비교해서, 하나의 세계, 하나의 인류라는 개념은, 훨씬 많은 사회나 지역에 침투해 왔다. 이것도 현대 사회의 큰 흐름이다.

더 주목해야 하는 것은, 인권선언이 1948년 이후 국제연합에서 채택된 각종 결의가 보여 주듯이, 모든 사람이 인간으로서 존중되어야 한다는 생각은, 종래보다 더 증가하여 각종 사람들의 네트워크를 촉진하는 것이었다. 국가나 민족이나 종교 등의 차이에 상관없이, 모든 사람들은 접촉하고, 교류하고, 새로운 커뮤니티를 만드는 권리를 가지고 있다.

따라서 인권의 원칙이 의미하는 것은, 인간 간의 차이, 차별, 격리, 편견이 아닌, 공통성, 공동생활, 협조 등이다. 관계의 역사 속에서도, 이 정도로 강력한 사상은 그 이외에 없을 것이다.

미국 사회의 변화

인권 개념이 더욱 보편적으로 된 것은 1960년대가 되어서이며, 그 배경으로는 미국과 유럽 여러 국가의 공민권 운동이나, 아시아·아프리카 여러 국가의 탄생이 있다.

특히 미국의 변화는 현저했다. 그 이전까지는 아프리카계, 아시아계 등 '유색(coloured)'이라고 불린 사람들에 대해, 여러 가지 차별이 있었으며, 남부 여러 주에서는 버스를 탈 때도 화장실을 이용할 경우에도, 백인과 그 이외의 사람들로 구별되어 있었다. 비유럽 지역으로부터 이민도 극단적으로 제한되어 있었고, 백인과 유색인과의 결혼을 법률로 금지하는 주까지 있었다.

이들의 사례는 명백하게 인권선언의 정신에 어긋났음에도 불구하고, 미국 정부도 일반 시민의 대부분도 적극적으로 대응하려 하지 않았던 것은, 보편적인 인권의식이 아직 사회에 침투하지 못하였던 것과, 특히 많은 백인이 흑인과 그 이외의 유색 인종과 접촉하기를 피했다는 것을 말해 주고 있다.

하지만 1960년대에 접어들어 큰 변화가 생겼다. 하나는, 이전부터 있었던 공민권 운동이, 케네디, 존슨 등 민주당 대통령의 지지를 받아 힘을 가지게 된 것이다. 동시에 베트남 반전운동 등이 주장한 '권력(power)을 시민(people)에게'라는 구호에서 볼 수 있듯이, 반체제 운동이 활발해지게 된 것도 그 원인이라고 할 수 있다.

그러한 움직임에 영향을 받아, 여성해방운동이나 '블랙 파워(Black Power: 미국에서의 흑인운동. 정치적으로 또는 실력 행사로 흑인의 지위 향상을 추진하였다)' 운동이 각지에서 전개되었다. '시민의 힘(people power)'이라고 불렸듯이, 모든 미국인이 인종과 성별에 관계없이, 많은 네트워크를 만들어 연계해 갔다.

그렇다고 하지만, 여기에는 미국의 국가로서의 지정학적인 판단도 있었을 것이다. 대소 냉전을 유리하게 하기 위해서, 세계 인구의 4분의 3 이상을 차지하는 아시아·아프리카 등의 사람들의 지지를 받을 필요가 있었던 것도 사실이다.

하지만, 만일 그와 같은 전략적인 의도가 없었다 하더라도, 공민권 운동의 고조는 있었을 것이다. 이렇게 말하는 것도, 유색 인종이나 여성해방운동이 미국만으로 한정된 것이 아니라, 여러 외국에서도 학생, 노동자, 여성운동의 지도자 등에 의해 강력하게 추진되고 있었기 때문이다. 세계적인 반체제 운동, 당시의 말로 말하자면 '반체제 문화(counterculture)' 운동이 타오르고 있었던 것이다.

이러한 운동이 의미하는 것은, 글로벌 커넥션(global

connection), 즉 세계 규모의 연계에 지나지 않았다.

무엇이 냉전을 끝냈을까?

각국에 차이는 있었다 하더라도, 이러한 반체제 운동이 가지고 온 것은, 모든 인간은 평등하고, 근본적으로 어디서 태어나 어디에 살든지 같은 것이라는 생각이다. 이것이 '세계는 하나, 인류도 하나'라는 인권의식을 공유하는 시초가 된 것은 틀림없다.

연결(계)의 역사라는 틀 속에서 말하자면, 제2차 세계대전부터 냉전 시대에 강조된 '적과 자기편', '민주주의와 전체주의'라고 하는 서로 대립적인 견해가 세계 전체의 관계에 장애가 되고 있었던 것에 대해, 1960년대의 평화운동이나 인권운동은, 인류 전체의 관계를 전제로 하고 있었다.

물론 '세계는 하나'라는 개념은 냉전기 서방측뿐만 아니라, 사회주의권 사람들에게도 받아들여져야 했다. 예를 들어 동서로 분단된 독일에서는, 서독과 동독이 별개의 국가를 만들어, 베를린 등에서 1961년 만들어진 분단의 장벽에 의해 양측이 연결되어지기는커녕 분단되었다. 66년 중국에서 시작된 문화대혁명도, 미국뿐만 아니라 소련의 영향력을 차단하여 일국 사회주의(一國 社會主義)라 불리는 것을 만들려고 했다. 즉 '세계는 하나'라고 외칠 틈도 없었음에도 불구하고 인권 사상은 점차 동유럽, 그리고 중국 이외의 나라로 침투해 갔다.

물론, 그 길은 평탄하지 않았다. 미국 이외의 동맹국 사이에서는, 1960년대의 반전운동이나 인권운동의 영향으로, 그동안의 지정학적 사고, '현실주의'적인 발상에서 점점 탈피하여 인권이라는 '이상주의'를 표방한 외교 방침을 모색하게 되었다.

바버라 키스(Barbara Keys) 등의 최근 연구에 따르면, 지미 카터 대통령에 의한 '인권 외교'는 냉전을 대신하는 국제관계를 모색하기 시작한 것이라고 설명한다. 베트남 전쟁 좌절 후, 새롭게 도덕적 외교를 수립해 나가려고 한 것이다. 그리고 사라 스나이더(Sarah B. Snyder)의 최근 저서가 설명하듯이, 이러한 움직임은 미국뿐만 아니라 소련권에서 민간운동과 연관되어 데탕트를 가져왔고, 이윽고 냉전의 종결로 이어지는 것이다.

물론 그 과정에서 1968년의 '프라하의 봄'(1968년 체코슬로바키아의 개혁파인 알렉산더 두브체크 당 제1서기를 비롯한 정치가들이 공산정권을 대신하는 민주주의적 체제를 만들려고 했지만, 소련의 군사 개입에 의해 어이없이 붕괴된 사건)과 같은 비극도 있었지만, 그런 데도 기세가 꺾이지 않고 동서의 인권운동가들은 연계를 유지하고 민주주의 운동을 계속하였다.

그 하나의 성과가 1975년의 '헬싱키 선언'이다. 이 선언은 유럽에서 동서 두 진영 여러 국가들이 서명하고, 보편적 인권의 존엄을 드높이 외쳤다. 이러한 일련의 움직임이 1980년대 이후 각국에서 민주화 운동의 고양을 가져왔고, 냉전 그 자체를 와해시켰다.

냉전 종식 말기의 인권사상이 이루어낸 역할에 대해서, 역사가들도 드디어 최근 지적하기 시작하였고, 이것도 현대사 연구에서 특별히 기록해야 할 현상이다.

역행할 수 없는 흐름

반복해서 말하지만, 냉전이 1990년 전후에 끝났다는 사실은, 결코 미·소 간의 군사력이나 경제력의 균형이라는 지정학적 요인만으로 설명할 수 있는 것은 아니다.

현실주의적인 전문가들이 냉전의 향방을 예측할 수 없었던 것에서도 알 수 있듯이, 국제관계로서의 냉전은, 본래 글로벌한 세계와는 상대되는 것이고, 인권 그 밖의 힘이 강해질 때, 인류의 운명을 좌우할 정도의 영향력은 상실하였던 것이다.

인권 등을 통해 연계되는 세계는 냉전에 의해 정의된 세계와 이질적인 것이었고, 전자가 고양되면 할수록, 후자는 후퇴하고 최종적으로 소멸해 버리는 것도 이상하지 않다.

이러한 맥락에서 보면, '헬싱키 선언'에서 참가국 모두에게는 인권의 존엄이 결정되었을 시점에서, 역사는 '냉전의 시대'로부터 '세계주의의 시대'로 접어들었다고 말할 수 있다. 서유럽과 동유럽의 인권운동이 합류하고, 국경을 사이에 두고 대립하는 것이 아니라, 글로벌한 관계의 장으로서의 세계가 의식되기 시작한 단계에서, 냉전은 의미를 상실해 버렸다. 이와 같이, 모든 인간은 평등하다는 의식이, 중국, 필리핀, 칠레, 한국 그 밖의 국가에서도 민주화 운동을 추진하였다. 중국에서 1989년의 천안문 사건으로 상징되는 것은, 공산당 지배라 하더라도 사람들이 인권을 통해 세계 각국 사람들과 연계되어 있다는 의식이다. 중국인도 미국인, 유럽인과 동일하게 인간으로서의 권리를 가지고 있다. 거기에는 전 세계의 사람들이 자신들의 운동을 지지하고 있다는 기개(氣槪)가 있었다.

아시아, 남미, 중·근동 각지에서 민주화 운동은 지금도 여전히 계속되고 있다. 물론, 그것이 정치 권력자의 압정에 의해 억압되는 일도 많다. 하지만 한번 인권운동에 눈을 뜬 사람은, 글로벌한 연계라는 이상을 쉽게 포기할 수 없을 것이다.

최근의 사건 중에 하나의 예를 들어보자. 미얀마에서는 1960년대 이후, 오랫동안 군부가 정권을 장악해 왔다. 1980년대의 민주화 운동은 억압되었고, 1990년 총선거에서는 민주화 세력이 압승했음에도 불구하고, 정권은 변하지 않았다. 민주적인 정부를 평화적 수단으로 수립하려고 했던 아웅산 수치 여사는 자택에 감금된 상태였다.

　하지만 민주화 세력은 포기하지 않고 활동을 계속하여, 2010년이 돼서 군부는 수치 여사를 석방하고, 약 50년 만에 정권을 정치가에게 넘겨주었다. 그 배경에는 그녀를 지지하고, 나아가 미얀마의 민주화를 요구하는 목소리가 전 세계에 퍼졌다는 사실이다.

　이러한 예는 미얀마에만 제한된 것은 아니다. 인권이 존중되는 세계에서, 그것과 역행하는 것은 있을 수 없다. 그러한 인식이 세계 각지에 퍼져나가고, 글로벌한 규모에서 네트워크가 이루어져 있다는 것을 실감한다.

2. 다양한 인권 개념의 영향

건강한 생활을 할 권리

인권은 정치적인 권리에 제한되어 있지 않다. 인간성의 존
엄이라는 의미에서의 인권은, 성별이나 종파 등, 인간을 구
별하는 여러 가지 장치에 대해서도 말할 수 있는 것이고, 그
러므로 인권의 옹호(擁護)라는 것은 그러한 구별이 차별 되지
않도록 하는 것이기도 하다.

모든 사람에게 건강한 생활을 할 기회가 주어져야 한다는
생각은, 인권 중에서도 가장 기본적인 것일 지도 모른다. 누
구라 할지라도, 그리고 어디 주민일지라도, 적절한 의료의 혜
택을 받고, 역병으로부터 보호받아야 한다는, 말하자면 의학
적 보편주의는 어느 때에도 존재해 왔다.

하지만, 그것을 현실로 만들기 위해 국제 사회가 노력하기

시작한 것은 비교적 최근의 일이다. 간단한 예를 들면, 유아(0세부터 5세까지)의 사망률은 가난한 국가에서 특히 높고, 20세기 말 유아의 15%가 사망하고 있었지만, 21세기 초 6%까지 내려갔다는 통계가 있다. 국제기구(특히 세계보건기구)나 NGO의 현명한 노력에 의한 것이다.

그 반면, AIDS 바이러스(HIV라고도 불린다)는, 20세기 말 당연히 아프리카 그 이외의 지역에 나타나서, 눈 깜짝할 사이에 수백만에 달하는 사망자를 냈다. 21세기 접어들어서도 그 강력한 힘은 쇠퇴하지 않고, 지금까지 3천만 명 이상의 사람들이 HIV에 감염되어 있다. 그들의 인권을 지키는 것도 현대의 큰 과제 중 하나이다.

동성애자·장애자 인권

건강한 생활을 꾸리는 것은 어떤 것인가? '정상인'과 그 이외의 사람들을 어떻게 구별할 것인가? 또는 전혀 구별해서는 안 되는 것일까? 그와 같은 문제도 현대의 인권을 생각하는 데에는 더욱 중요해졌다.

예를 들어 남성과 여성을 차별하여, 의료 등에서 남성과 동등한 권리와 기회를 여성에게 주지 않는 나라나 종교는 많다. 이슬람 여러 국가에서 여성 차별을 시작으로, 기독교도 종파에 의해 여성이 성직에 임명되는 것을 금지하고, 가톨릭에서는 동성애를 인정하지 않는다. 미국에서도 임신 중절은 죄라고 주장하는 정치가와 언론인들의 주장이 끊이지 않고 있다.

하지만 그럼에도 불구하고, 인권 사상, 그리고 그 근본에 있는 '인류는 하나'라는 인간의식이, 현대 세계의 형성에 미친 역할을 무시할 수 없을 것이다. 중요하다고 할 만한 가치가 있는 예로써, 동성애자에 대한 태도, 그리고 소위 장애자에 대해 정치나 사회의 이해도를 들 수 있다.

동성애자에 대한 사회적 편견이 감소하고, 일반 시민과 동등한 권리가 부여되게 된 것은, 현대의 큰 특징 중 하나이다. '파트너'와 함께 살고, 경우에 따라서는 결혼도 한다. 이것이 일부 국가에서 법적으로 인정되기 시작한 것은 비교적 최근의 일이며, 미국에서도, 동성애의 합법화가 이루어진 곳은 전 50주 중 절반 이하이다. 하지만 바로 최근까지 그 수가 제로(Zero)였다는 것과 비교하면, 동성애자의 권리를 인권으로 인정하는 움직임이 강해지고 있다고 이야기할 수 있다.

연계의 역사라는 맥락에서 말하면, 동성애자는 '장롱' 속에 갇혀 있는, 또는 갇혀진 것이 아닌, 다른 사람들과 같은 사회에 태어나서, 상호 연계되어 있다는 것이다.

장애인에 대해서도 똑같이, 신체적으로 또는 정신적, 지적으로 장애가 있는 사람들은 어느 시대, 어느 사회에서도 특별하게 취급되어 격리되거나, 경우에 따라서는 편견, 경멸, 연민의 대상으로 되어 왔다. 그들이 인간으로서 '정상인'과 동일하게 대우받게 된 것은, 미국과 유럽에서조차 비교적 최근의 일이다. 국제연합조차도, 장애인의 권리를 인권의 하나로 인정하게 된 것은 1970년대 접어들어서부터이다.

하지만 그러한 견해가 보급됨에 따라, 어떠한 핸디캡(장애)을 가지고 있다 하더라도, 모든 인간은 동일하고 평등하다는 의식이 고조되어, 단지 동정의 대상으로서가 아닌, 동일한 인간성을 가진 개인으로 접하게 된다. 이러한 흐름도 현대 세계의 가장 중요한 현상이다.

'핸디캡'이라는 단어 자체가, 미국에서 1980년대 이후, '디스어빌리티(disability, 보통의 기능을 가지지 못한다는 의미)'로 바꿔 말하게 되었다. 장애라고 하면 '정상'인과 비교했을 때 본질적으로 못하다는 느낌을 받을 수 있지만, '능력(ability)'을 충분히 가지지 못했다는 표현에는, 본인이나 주변 사람들의 노력에 의해 그것도 어느 정도 극복할 수 있다는 의미가 포함되어 있다. 즉, 능력의 유무나 크고 작음에 의해 차별받지 않도록, 나라로서도 사회로서도 지원을 해야 한다는 것이다.

지적장애인의 인권

장애인이라고 한 단어로 표현하더라도, 그 내실은 여러 가지이다. 시각이나 청각에 장애가 있는 사람에 대해서는 어떤 나라에서도 오랫동안 '특수학교'나 '특수학급'이 마련되어, 그들이 사회에 진출해서도 충분히 행동할 수 있도록 노력하여 왔다. 또한, 전쟁으로 손발을 잃은 사람들에 대해서도 의수, 의족을 시작으로 각종의 기구나 기회가 마련되었다.

1960년 로마에서 개최된 올림픽 직후, 패럴림픽(스페셜올림픽)이 개최되고 있다. 이것은 신체장애(paralysis)를 가진 운동자에게도 국제 경기에서 경쟁하는 기회를 주려고 하는 것이다. 신체장애자는 전 세계에 있으므로, 그들을 각국에 초청하여 '정상인'과 같이 국제 경기에 참가하게 하고자 하는 배려 있는 태도가 생겨난 것을 보여 주고 있다.

이것에 대해, 더욱 심각했던 것은 지적장애자의 문제이다. 이전에는 '저능', '백치', '지식의 미달'이라고 불려, 읽기 쓰기, 말하기도 거의 할 수 없는 그들을 어떻게 다루면 될 것인가? 사회에서도 정책 결정자 사이에서도 장기적인 견해나 정책은 거의 없었다. 오히려 골칫거리로 여겨지고 격리되어, 특수 시설에 수용되는 일이 많았다. 그들은 사회와의 연계가 가장 적은 그룹이었다고 말할 수 있다.

한명 한명의 '지적 능력'을 측정하여, 사회에 기여하는, 또는 병사로서 충분히 활약할 수 있는 소질을 가지고 있는지를 판단하는 테스트가, 미국과 유럽에서 20세기 초부터 실시되어 왔다. 소위 말하는 IQ(intelligence quotient) 테스트이다. 그 점수가 낮으면 '지능 저하'라고 평가되어, 교육 시설에서도 받아 주지 않고, 평범한 일에 종사하는 것도 어렵게 되었다.

또한, 사회의 평균적 지능을 수준 이상에 의지하기 위해서는, '저능'한 사람은 단종해야 한다는 '과학적' 견해조차 발표되었다. 우생학이다. 이것은 20세기 초 매우 영향력을 가지고, IQ가 어느 정도의 기준에 미치지 못하면 '시설'에 보내져, 사회와 연결고리가 끊기는 일조차 있었다.

이러한 상황이 변하는 것은, 역시 20세기 후반부터이다. 지적 능력이 낮은 사람들에게도 '정상'인 사람과 동일하게 사는 즐거움과, 그 이외의 사람들과 교류하는 기회를 주어야 한다 는 생각이 점차 영향력을 가지게 된다. 즉, 인권의 개념이 지적장애인에게도 적용되기 시작한 것이다.

그와 같이 여러 장애를 가진 모든 사람들을 대상으로 한 '장애자 권리조약'이 국제연합에서 채택된 2006년에는, 그러한 의미에서 21세기 초 가운데서도 가장 기념할 만한 해였다고 말할 수 있을지도 모른다. 이 조약은, '장애로 인한 어떠한 차별'도 금지하고, 장애인과 비장애인이 교류할 수 있는 공공시설의 확장을 촉구한 것으로, 2014년 1월 현재, 일본을 포함한 104개국과 EU가 체결, 비준하고 있다.

고령자에 대한 '존엄성'

21세기 접어들어 세계에서 더욱 현저한 것은, 많은 나라에서 고령자가 급증하고 있다는 것과, 그리고 그것 때문인지 몰라도 '노인'을 대하는 태도에도 변화가 보이고 있다.

고령화는 여러 가지 원인이 있다고 생각한다. 미국 유럽, 그 이외의 경제 선진국에서 결혼 연령이 높아져, 결혼해도 아이를 갖지 않는 커플이 증가하고, 더 나아가서 미혼인 채로 있는 사람도 수가 증가해 왔다. 이로 인해 총인구 중 고령자의 비율이 상승하여, 극단적인 경우 일본과 같이 60세 이상이 인구의 30%를 넘는 나라도 나타나고 있다.

얼마 전까지만 해도, 고령자의 신체적·정신적인 문제는 '노인병'이라 여겨져, 이윽고 인생을 끝마치는 사람들의 최종적인 현상이라고 보아 왔다. 예를 들어 기억력의 저하의 징조가 있는 고령자 등은 치매증으로 정리되어, 격리되는 것이 일상이었다.

하지만 현대에는, 그들에게도 인격이 있고, 그 대부분이 알츠하이머병 환자로 의학적으로 대응하게 되었다. 최후의 인생 몇 년을 '존엄'을 가지고 살아갈 수 있도록, 의학도 큰 관심을 가져야 한다고 여겨지는 것이다.

동시에, 아무리 나이를 먹더라도, 되도록 긴 인생을 보낼 수 있도록 하는 것이 사회의 윤리라고 지적되어, 수십 년 전까지는 생각지도 못했던 의료에 의해, 연명의 조치가 이루어져, 평균 수명이 상승해 왔다.

그러면 인구 중에서 높은 비율을 차지하는 고령자는, 이제는 예외적 존재가 아닌, 사회의 중요한 일부로 보이게 된다. 즉, 그들은 단지 죽기를 기다리는 존재가 아닌, 사회로서도 아이의 교육이나 청년층의 취업에 대한 대비책을 생각하지 않으면 안 되는 것과 동시에, 고령자도 또한 개성과 꿈을 가지고 있는 귀중한 구성원으로 다루어야 한다. 미국과 같이, 정년제도는 '연령차별'이라 하여 철폐해 버리는 나라도 있다. 아직 이것은 예외적인 것이지만, 다른 나라에서 충실한 고령자 시설의 설치는 중요한 과제이다.

내 개인적인 것이지만, 지금 이 원고는 미국 펜실베이니아 주의 고령자 주택에서 쓰고 있다. 여기는 퀘이커교도에 의해 1960년대 만들어진 시설로, 약 4백 명의 고령자가 살고 있다. 평균연령은 84세, 이 중에는 100세를 넘은 사람도 있다. 거주자의 대부분은 의사, 변호사, 실업가, 기술자, 관리 등의 직장을 퇴직하고 '노후'를 보내고 있지만, 대부분은 신체적·정신적으로 건강하고, 여러 단체를 만들어 활동하거나, 시설 내외에서 봉사를 하기도 한다. 매주 열리는 공연, 음악회, 영화 상영 등에 다수의 거주자가 참가한다. 서로의 유대도 밀접하다.

물론 고령자용 시설이기에, 사회와 직접적인 접촉은 한계가 있다. 하지만 인터넷도 사용할 수 있고, 신문이나 텔레비전을 통해 세계와 연계되어 있다. 대부분의 거주자가 국내 정치나 국제 문제에 높은 관심을 가지고 있는 듯하다. 이러한 사람들 사이에서도 '사망(운명)'은 온다. 하지만 마지막까지 지켜봐주는 시설이 있으므로, '존엄'하게 인생을 마무리할 수 있다고 생각된다.

이렇게, 고령자도 어린이, 청년, 장년의 사람들과 똑같이, 인간 사회(휴머니티)를 구성하는 일원이다. '하나의 인류'라는 개념 가운데는, 당연히 고령자도 포함되어 있고, 그들도 세계에 만들어진 틀(輪), 즉 항상 확대하는 네트워크의 일부라고 느낀다.

3. 트랜스내셔널리즘Transnationalism

트랜스내셔널리즘transnationalism이란 무엇인가?

이와 같은 새로운 인간관을 지탱해 주고 있는 것은, 제3장에서 설명한 비정부(국가) 행위자이다. 국가라는 것과 직접 관계없이 존재하는 집단이고, 구체적으로 예를 들어 말하면 여성, 인종, 고령자, 또는 각종 자선단체, 사회 운동 조직, 교육계 등이다. 이러한 커뮤니티를 통해서 사람들은 서로 접하면서, 모든 사람이 같은 인간이라는 의식을 재확인한다.

이러한 연계는 국경을 초월하고 있다는 의미에서, 트랜스내셔널한 현상이다. 현대의 세계에서는 트랜스내셔널한 연계가 양적으로도 질적으로도 상당히 많아지고 있다.

글로벌이라는 단어는 과거에도 있었고, 1980년 전후부터 빈번하게 사용되기 시작한 것은 앞에서 설명한 대로지만, 트랜스내셔널이라는 표현은 최근까지 일반화되어 있지 않았다.

'트랜스(trans)'라는 전치사에는, 초월하다(transcend), 변형하다(transform), 전하다(transmit), 갈아타다(transfer) 등의 단어가 나타내듯이, '넘는다', '변화시키다', '연결하다' 등의 의미가 있다. 따라서 '트랜스내셔널(transnational)'도, 국경을 초월함과 동시에, 국가 사이를 연계하여 새로운 성격의 것으로 만든다는 의미에서 사용된다.

그리고 그러한 연계를 촉진하려고 하는 것이, 트랜스내셔널리즘(transnationalism, 다국적주의)이라는 개념이다. 역사가들 사이에서도, 과거를 그러한 시각에서 되돌아보고, '다국적인 역사(Transnational History)'라는 새로운 분야, 또는 새로운 접근 방법을 이끌어 가려는 목소리가 점점 강해지고 있다.

트랜스내셔널 히스토리(Transnational History)도, 글로벌 히스토리(Global History)와 같이, 역사 연구자 사이에서 영향력이 커진 것은 최근 20년 정도의 일이다. 1990년대 이전에는 이러한 개념조차 존재하지 않았다.

그런데, 20세기 말 몇 년 동안 트랜스내셔널 히스토리의 중요성을 주장하는 역사가가 조금씩 나타나기 시작했으며, 21세기가 된 지금, 그것이 큰 파도와 같은 움직임이 되고 있다. 극단적으로 말하면, 지금은 어떠한 주제를 연구하든지,

먼저 트랜스내셔널한 틀 속에 넣어 보는 것이 상식처럼 되어 있다.

최근의 예를 하나 들자면, 옥스퍼드 대학의 쇼 코니시(Sho Konishi) 교수에 의한 20세기 초기 러시아, 일본 등의 무정부주의자 연구는, 그들이 국경을 초월하여 접촉하고, 더 나아가 국가라는 틀을 초월할 수 있는 사회 구조를 구상하였다는 것을 보여 주고 있다.

또한, 각국의 역사를 트랜스내셔널한 시점에서 파악하고자 하는 것도, 현재는 상식적으로 되어 있다. 예를 들어 미국 역사든, 아시아나 유럽의 역사든, 지금까지처럼 국내의 정치, 경제, 문화 등을 여러 외국의 움직임과 별개의 것으로 받아들이는 것이 아니라, 모든 것을 세계사의 흐름 속에서 이해하려고 한다.

일본사도 지금부터 과거보다 더 세계의 역사와 연계되어 가는 것이 바람직하다. '세계에 비할 데 없는(世界無比)' 일본사, '순전한' 일본사 등은 물론 존재하지 않기 때문이다.

트랜스내셔널한 역사 연구

세계 전역에 동시대적으로 일어나고 있는 것은 상호 관련된 것이기에, 그 연결을 명백하게 하는 것이 역사 연구의 가장 중요한 목표의 하나라는 생각은 역사가 사이에서 매우 짧은 기간 사이에 받아들여졌다.

영어의 키워드로 말하자면, 커넥션, 네트워크, 인터액션 이라는 단어가, 최근의 역사서 속에 빈번하게 나타나고 있다. 현재 이러한 접근은 당연한 것으로 여겨져, 많은 역사가가 과거의 트랜스내셔널한 연계를 명백하게 해왔다. 그 구체적인 예시에 대해서는 다음 장에서 설명하도록 하겠다.

요약하자면, 트랜스내셔널리즘이라는 개념은 글로벌리즘을 더욱 구체화하는 것이다. 즉, 국경을 초월하는 사상, 또는 국가의 벽을 초월하는 연계를 추진, 장려하려고 하는 것이다. 나 자신, 이러한 움직임은 아주 올바른 것이라고 생각한다.

역사라는 것은 본래 글로벌한 것이고, 특히 근현대사는 트랜스내셔널한 틀 속에서 파악해야 한다.

이러한 관점은 이 책의 기본적인 틀이기도 하지만, 이러한 접근 방법은 '국가의 발자취'(패전 후 일본의 교과서에 사용된 표현이기도 하였다)를 더듬는 것이 역사라고 하는 전통적인 견해와 분명하게 선을 긋고 있다.

물론, 근대의 역사도 그러한 시각에서 보는 것이 가능하다. 더 말하자면, 세계의 역사 그자체가 사람 그리고 그들이 만들어 나가는 것(문물)의 만남이나 결합, 즉 인터 커넥션의 기록이라고 생각할 수도 있다.

나를 포함한 역사가가 점차 그러한 입장을 취하게 되는 것은, 20세기 말부터 21세기에 접어들면서부터이지만, 불과 몇 년 사이에 트랜스내셔널이라는 단어는 역사서의 타이틀 등에도 빈번하게 쓰이게 되었다. 내가 직접 관계하고 있는 것만으로도, 『트랜스내셔널 히스토리 사전(*Dictionary of Transnational History*)』과 『트랜스내셔널 히스토리 총서(*Transnational History Series*)』가 있다.

프랑스의 젊은 역사가 피에르 이브 소니에(Pierre-Yves Saunier)와 내가 공편한 『트랜스내셔널 히스토리 사전』은 전 세계의 역사가에게 부탁하여, 과거의 사실과 개념(예를 들어 '전쟁', '러시아 혁명', '인구동태', '인권') 등 약 450개 항목에 대해 트랜스내셔널한 관점에서 집필한 것이다. 25개국에서 거의 350명의 학자가 기고하였다는 사실 자체가, 역사 연구가 국경을 초월하는 것이 되고 있다는 것을 보여 주고 있다.

이 사전이 출판된 2009년까지 트랜스내셔널 히스토리라는 개념이 완전히 정착한 듯한 느낌이 있었고, 현재 진행 중인 『트랜스내셔널 히스토리 총서』(나와 영국의 역사학자 라나 미터Rana Mitter 공편)도 이미 20권 이상을 간행하고 있다. 전 세계의 역사가가 여러 사실과 사항(예를 들어 테러리즘, 식민지 해방 운동, 선전 등)을 트랜스내셔널한 관점에서 분석하는 것을 확인함과 더불어, 이것 이외에 역사를 배우는 방법이 없지 않은가라는 생각이 강해진다.

　나는 그 이외에도, 현재 독일의 역사학자 위르겐 오스터하멜(Jürgen Osterhammel)과 공동으로 『세계사(Geschichte der Welt)』(전6권)를 간행 중이지만, 이것도 고대부터 현대까지의 인류의 역사를, 지구 각 지역 간의 연계, 만남, 상호 의존 등을 중심 주제로 정리하고자 하는 것이다. 미국과 독일에서 동시 출판되고 있지만, 양국에서 트랜스내셔널 사관(史觀)이라고 불리는 것은 점차 받아들여지고 있고, 다른 나라의 역사학계에 대해서도 많든 적든 동일하게 말할 수 있다고 생각한다.

　그리고, 트랜스내셔널리즘이 역사가 사이에서뿐만 아니라, 지식인 더 나아가 일반인들에게도 널리 받아들여지게 된다면, 세계도 더 한층 상호 의존적, 개방적인 방향으로 나아갈 것이다.

　사실, 지구적인 움직임은 해(年)를 거듭하며 속도가 빨라지고 있어, 그 사실을 뒤쫓아 가는 것처럼 초국가적 시야도 넓어지고 있다.

　어쩌면, 그 과정에서 국가, 사회, 그리고 인간조차도 성격을 변화시키고 있는 것이 아닌가? 다음 장에서 구체적인 예를 통해 생각해 보도록 하겠다.

제6장

환지구적 결합이라는 불가역의 흐름

1. 대규모의 인구 이동

전후 과도기의 인류 대이동

인류의 역사는 이동의 역사이다. 먹을 것을 찾고 살아가기 위한 땅을 희망하면서, 혹은 약탈을 목표로 산을 넘어 바다를 건너 이동하고 살아왔다. 그 결과 여러 민족이 연결되고 각종 문화와 접촉하고 교류 결합하여 혼혈(하이브리드)의 인종, 언어, 생활양식 등이 형성되어 오늘에 이르고 있다.

그러한 의미에서 최근의 인구 이동은 새로운 현상이 아니다. 그것이 특필되어야만 하는 현상은 그 규모가 글로벌하기도 하고 트랜스내셔널하기 때문이다. 다시 말해 세계 각지에서 항상 인간이 이동하고 있고, 그럼에도 불구하고 그 대부분은 국경을 초월하였다. 동시에 세계 총인구도 예전과 달리 규모면에서 증가하였다.

예를 들면 제2차 세계대전 직후 세계 총인구는 25억 정도 였다. 20세기 초 16억으로부터 50% 정도 증가하였지만, 1930년대 경제 위기나 전쟁 중 거의 변하지 않았고, 소련, 독일, 일본 등에서는 줄어들었다. 물론 전쟁으로 5천만여 명의 사망자나 전쟁 중 출생률의 저하 등도 고려하지 않으면 안 된다.

그러나 제2차 세계대전이 끝나면서 동시에 대규모 인구 이동이 진행되고, 게다가 수년 내에 세계 총인구도 급격하게 증가하게 되었다. 1960년에는 30억에 이르고, 74년에는 40억, 87년에는 50억, 99년에는 60억으로 가속도로 증가하였다.

게다가 계속 증가하는 인류는 동시에 대규모 이동을 동반하였다. 전쟁터로부터 귀국하는 병사와 점령지 그 이외의 해외에서 살아온 사람들의 철수는 전후 자주 눈에 보였지만, 제2차 세계대전의 경우 특히 그 규모는 대단히 컸다.

패전 후 소련이나 폴란드에 병합된 지역으로부터 추방된 독일인은 1천만 명을 밑돌았으며, 만주나 대만, 한반도, 남쿠릴 열도 등으로부터 강제송환 된 일본인도 100만 명 정도였다. 반대로 적군에 의한 점령으로부터 해방되어 자신들의 고향으로 돌아간 프랑스인이나 네덜란드인 혹은 소련 그 이외의 동유럽 여러 국가의 사람들 혹은 중국인의 수도 팽창하였으므로 전후의 인구 이동의 규모를 처음부터 증가시켰다.

그것에 더해 전후 곧 중국을 시작으로 내전을 위하여 국내를 전전하는 사람들도 많았으며, 아시아·아프리카 등에서 식민지가 해방되자 그때까지 지배자로 군림하였던 영국인, 프랑스인, 네덜란드인 등의 귀국 러시도 시작되었다. 일본으로부터 해방된 대만에서는 내전 중 중국 대륙으로부터 국민당계의 사람들이 이주하고, 남과 북으로 분단되어 버린 한반도에서도 한쪽으로부터 다른 쪽으로 이동하는 사람들의 흐름이 끊이지 않았다.

더욱 더 장기적인 의미를 가진 것은 신흥 국가 건설 과정에서 발생한 인구 이동이다. 아주 잘 알려져 있는 것은 오늘날에 이르기까지 해결되지 못하고 있는 팔레스타인 사람들의 이주 문제이다. 유대인 국가로 이스라엘이 건국되자 그것에 저항하는 아랍인이 태어나고 자란 땅에서 쫓겨나 요르단강 서안으로 물러나고, 고향에 돌아오지 못하고 오늘날에 이르고 있다. 한편으로 인도나 파키스탄이 동시에 독립한 남아시아에서는 파키스탄이 주로 이슬람 국가로 되었기 때문에, 양국 사이에 대규모 주민의 교환이 이루어졌다.

오랜 냉전기에 미국과 소련 양 진영 사이의 사람의 움직임은 엄격하게 규제되었지만 그럼에도 불구하고 '동측'으로부터 '서방측'으로 합법·비합법을 물문하고 이주하는 인구도 전후 과도기의 현상이라고 생각할 수 있다.

노동자의 대이동

대규모 인구 이동이 예전부터 경제상의 이유로 부활하는 것은 1960년대 이후부터이다. 이때가 되면 유럽이나 일본은 이제 막 전시·전후의 혼란기를 탈출하여 국내 경제를 전전의 수준으로까지 부활시키면서 동시에 해외 무역도 발전시켜, 미국과 함께 OECD(경제협력개발기구)의 구성원으로 국제 경제의 성장에 기여하게 된다. 그리고 노동력을 보급하기 위하여 외국인 노동자를 받아들이게 되었다.

그렇다고 하지만 일본과 같이 외국 이민을 받아들이는 데 소극적인 국가도 있었지만, 영국, 프랑스, 네덜란드 등은 옛 식민지로부터 노동자를 받아들이고 독일은 수십만의 '초청 노동자'를 주로 터키에 요구하였다.

미국도 1965년 이민법 개정에 의해 1920년대부터 존재하였던 '할당제'(어떤 국가로부터 매년 몇 명의 이민을 받아들일까를 법률로 정하는 것)를 폐지하고 세계 여러 곳으로부터 수많은 사람들을 받아들였다. 특히 눈에 띄는 것은 중남미 그 가운데서도 멕시코로부터 이민으로 합법·비합법을 불문하고, 눈 깜짝할 사이에 매년 이민 가운데 최대의 수를 차지하게 되었다. 역사적으로 유럽계 이민이 압도적으로 다수를 차지하고 있는 미국의 인구 구성이 해를 거듭하면서 변화하게 되었다.

원래 이민의 국가라고 불리는 미국이지만 20세기에 접어들면서 잠시 동안 외국 출생의 미국인 비율은 저하하였다. 그러나 현재 다시 10%를 초과하게 되었다. 그리고 '통계외 이민'도 다수 존재하였으며, 그 수는 1천만 명을 밑돌았다고 전해지고 있다.

더욱 더 시대가 흘러 1970년대 이후의 인구 이동의 특징의 하나는 제3세계 내부의 것이다. 특히 중·근동의 산유국을 목표로 아시아 그 이외의 지방으로부터 이주하고 일하는 사람이 증가하고 있다. 21세기 초 페르시아 만 지역에서 일하는 인도인들은 300만 이상, 파키스탄인은 100만에 가깝고 이집트인은 100만 이상에 이르고 있다.

또한 풍요롭게 된 반면 노동인구가 부족한 싱가포르나 한국 등에서도 아시아의 다른 국가들로부터 이민이 이동하기 시작하였다.

그와 같은 경향은 그 이후도 계속되고 현재에 이르렀지만, 최근 20, 30년 사이에 발전도상국으로부터 선진국으로 이동하는 것만이 아니라 역으로 선진국으로부터 발전도상국가로 이동하는 인구도 많아졌다. 미국, 유럽, 일본 등으로부터 아시아, 중·근동, 아프리카, 중남미 등으로 일하러 나간다. 말하자면 '일시적 이민'이 눈에 띄게 되었다. 싱가포르 등에서는 노동자와 고도의 기술자를 포함해 인구 가운데 외국인이 차지하는 비율은 증가하는 한편, 그 가운데 40%를 넘을 것이라고 말해지고 있다.

확대하는 유대관계의 틀

세계 경제가 글로벌화하면서 인구이동의 형태는 점점 복잡해 지고 있다. 예를 들면 21세기에 접어들어 현저하게 된 '아웃소싱' 현상이다. 유럽이나 미국 그리고 일본 기업이 중국, 인도, 브라질 등 현지의 값싼 노동력으로 제조나 서비스를 공급하는 구조는 후자로부터 전자로의 이동을 감소시킬 가능성을 가지고 있다. 예를 들면 인도 사람들은 유럽이나 미국 등에 나가지 않더라도 나라에 남아 있으면서도(영어를 사용하면서) 일을 할 수 있기 때문에, 그 점에서는 장기적으로 해외 이주가 필요 없게 된다.

그러나 또한 동시에 경제 이외의 이유로, 예를 들면 교육이나 의료수준이 높은 국가, 환경 문제 등에서 더 앞서고 있는 국가로 혹은 정치적으로 더 자유스러운 환경을 찾아 외국으로 이주하는 사람, 나아가 대외 원조, 선교 등의 목적으로 조국을 떠나는 사람들도 적지 않기 때문에 전 세계의 총이동 인구는 앞으로도 증가할 것이다.

그것만으로 많은 사람들이 계속 이동할 것이라는 것은, 당연히 지구에 살아가는 사람들끼리의 만남의 기회가 증가하고 유대관계의 틀을 확대시키게 된다. 19세기부터 20세기에 걸쳐 세계가 '유대관계가 계속되고 있는' 시기를 통과하고 있다고 한다면, 지금은 이미 현재 진행형이 아니라 현재 완료, 즉 이미 연계되어 있었던 상태라고 말할 수 있을 것이다.

2. 해외 교류의 담당자

10명 중 1명이 해외여행 하는 시대

장기적인 이동, 이주가 아니라, 아주 단기간의 이동(해외여행)에 눈을 돌려보자. 예전에는 외국을 여행하는 데 많은 비용이 필요하였기 때문에 그것은 주로 유럽, 미국의 귀족이나 상류 계급에게 한정되었다.

그렇다고 하지만 학창 시절에 적은 돈으로 편하게 외국으로 나가 값싼 숙소나 옥외(집밖)에서 잠을 자는 것 같은 모험자도 적지 않았고, 오히려 통계적으로 그들이 호화선의 크루즈나 '오리엔트 특급'(파리로부터 이스탄불까지의 기차) 등의 고객보다 많았을지 모른다.

다만 어쨌든 간에 확실한 것은 해외여행자의 대부분이 유럽과 미국인이었다는 것이다. 그들이 파리나 뉴욕의 볼거리나 이집트의 피라미드, 인도의 타지마할 등 이국적인(exotic) 명소와 유적지 등을 둘러보는 것은 아시아나 중·근동으로부터 유럽이나 미국으로 여행하는 것과 비교하여 훨씬 많이 보이는 현상이었다. 유럽과 미국 이외의 사람들의 해외여행은 주로 이웃 국가에 제한되었다.

그렇지만 1970년대가 되자 일본이나 중·근동의 석유 산유국 가운데 부유해진 사람들이 해외로 원거리 여행을 시작하게 되었다. 일본에서는 1970년대에 접어들어 달러에 대한 일본 엔의 가치가 상승하면서, 해외여행 비용이 종래와 비교하여 값싸게 되면서 중류 계급에서도 미국이나 서유럽으로 단기 관광 여행을 하는 것이 가능하였다.

똑같은 현상이 1980년대 이후 한국, 대만, 홍콩에서도 볼 수 있게 되고, 그 이후 중국인이 해외여행자의 총수 가운데 점점 비율이 높아지고 있다. 이러한 세계에서 해외여행자의 총 인원수는 20세기 말 급증하게 되었다.

그때가 되자 매년 약 6억 명이 적어도 한 번은 자국 이외의 지역으로 여행하였다는 통계가 있다. 즉 세계 인구의 10명에 1명꼴로 매년 해외여행을 하고 있다는 것을 보여 주고 있다. 당연히 그들이 해외여행에서 사용하는 비용의 합계도 증가하기 때문에 국내총생산(GDP)의 몇 %를 관광 수입에 의존하는 국가도 나오고 있다는 의미다.

미국을 예로 들면, 2010년 약 6천만 명의 여행자가 해외로부터 왔지만 그 가운데 3분의 1 이상이 캐나다, 5분의 1이 멕시코로부터 왔다. 영국으로부터도 400만 명에 가깝고, 일본으로부터 300만 명 이상이 방문하고 있다. 반대로 해외로 나가는 미국 여행자의 수가 3천 400만 명 정도로, 전 인구의 약 10명 중 1명에 해당한다. 그 가운데 캐나다를 방문한 사람은 300만 이상이며, 멕시코로 여행하는 자는 600만 명에 가까웠다. 유럽 전체로는 거의 1천만 명, 아시아로는 400만 명에 가까운 미국인이 여행하고 있다.

　이와 같은 통계는 미국을 시작으로 세계의 사람들이 국경을 넘어 여행할 가능성이 예전에 비교해 비약적으로 확대하고 있다는 것을 보여 주고 있다.

획기적인 환지구적 현상

　해외여행은 그 이름대로 매우 트랜스내셔널한 현상이다. 다만 그것이 여행자에게 그리고 다른 국가로부터 방문자를 받아들이는 측에게는 어떠한 차원의 '교류'가 되는 것인가? 개개인의 해외여행의 축적이 어디까지 상호 의존적인 관계로 연결되는 것인가? 인류의 다양성과 보편성을 인식시킬 수 있을 것인가는 물론 일률적으로 말할 수 없다.

해외를 방문하여도 호텔에 머무르면서 명소나 미술관을 둘러보기도 하고 물건을 사기도 하는 것만으로는 현지 지역인들과 진정한 '만남'이나 밀접한 유대가 생기기 어렵다. 그 점에서는 이전과 같이 비교적 교양이 있는 사람이 외국에 여행한 경우 쪽이 지역 사람들과 좀 더 깊이 있는 교류가 있었을지 모른다. 일본의 예를 들면 20세기 초 유럽이나 미국을 방문한 나가이 가후(永井荷風), 나쓰메 소세키(夏目漱石), 시마자키 도손(島崎藤村) 등의 해외 여행기는 현재까지도 읽을 가치 있는 내용을 가지고 있다. 외국어로 번역하여도 한 번쯤은 읽을 가치 있는 수준의 것이다.

현대 일본에서 이들 저서에 견줄 만한 것을 찾기 어려울 것이다. 그것은 100년 전과 비교해 유럽과 미국이 그 정도로 신기하지도 않다는 것이기도 하다. 2010년 미국을 방문한 일본인이 300만 명 정도였던 것에 비해 20세기 초는 그것의 1%에도 미치지 못하였던 것이 아닌가?

여하튼 현대의 해외여행이 당시와 비교해 훨씬 환지구적이라는 것은 틀림없다. 유럽과 미국뿐만 아니라 아시아 각국을 시작으로 중·근동, 아프리카, 중남미 등을 여행하는 일본인은 100년 전에는 매우 제한되었던 것에 비해, 과거 30년 정도 사이에 비약적으로 증가했다. 역으로 말하면 그만큼 많은 일본인과 접하는 여러 외국인들에게도 전에 없이 많은 교류

기회가 있다는 것이다.

불과 며칠이라도 미지의 국가에 나가, 만약 몇 명의 현지인들과 교류하는 것만으로도, 지구 전체로 보면 그것은 획기적인 일이다. 그와 같은 트랜스내셔널한 경험의 축적이 지구는 하나라는 의식을 만들어 낸다면, 그것은 바꿔 말하면 트랜스내셔널한 유대관계를 낳고 국경을 초월한 연대의식의 형성이나 강화를 가져오게 될 것이다.

유학생의 증가

관광객과 비교해 보면 해외에 유학하는 사람의 수는 아주 제한되어 있다. 2000년 현재 세계에서 유학생의 총 인원은 200만 명 정도로 해외여행자 수의 0.3% 정도에 불과하다. 그러나 유학생의 대부분은 외국에 장기 체류하기 때문에, 그만큼 체류지의 사람들과 교류할 기회가 있다.

종교, 학업, 예술(회화, 음악 등)을 배우기 위하여 태어난 고향을 떠나 그리고 '배우지 못하면 죽어도 돌아오지 않겠다'는 각오로 공부하는 것은 동서고금 어느 국가에도 있었던 현상이다. 현대의 특징은 그와 같은 유학생의 양적인 확대와 교통, 통신, 정보 기술의 현저한 발달 덕분에 예전과 같은 '이질감(異質感)'이 엷어졌다는 점일 것이다.

내가 미국에 유학한 1950년대는 태평양 양안 사이에 넘기 어려운 거리가 있는 것 같은 느낌이었다. 미·일 간의 왕래는 주로 여객선이나 화물선 등에 의해 태평양 횡단에 2주간 가까이 걸렸다. 나는 당초 미국에서 대학생으로서 4년간 지낼 예정이었으며, 그 사이 여름 방학을 이용하여 일본에 돌아갈 예정은 물론이고, 비용도 없었다. 도쿄의 가족과의 연락은 편지(항공우편)뿐으로 장거리 전화를 걸 수도 없었고 졸업 직전에 대학원 진학을 부모님에게 알리기 위하여 한번 전보를 친 것이 전부였다.

미국에는 당시 어떤 국가보다도 많은 유학생이 왔었지만, 그래도 합계는 5만 명에 미치지 못하였으며, 그러나 그 대부분은 대학원에 집중하였고, 학부에는 약간밖에 없었다. 1950년대의 미국의 사립대학의 수업료는 연간 1천 달러 안팎이었지만, 외국 학생에게는 거액이며, 부모님이 상당한 자산가가 아닌 한 입학하는 대학이나 각종의 공공기관 혹은 재단 등으로부터 장학금을 받는 것이 유일하고 가능한 방법이었다.

이것이 21세기 초가 되자, 전 미국의 여러 대학에 재학하고 있는 외국인은 50만 명을 밑돌고 있다. 게다가 등록금이 사립에서는 연간 5만 달러 정도 소요되는데도 사비로 유학하는 비율은 증가하고 있다. 특히 중국으로부터 유학생은 1970년대 초까지 제로(Zero)에 가까웠지만, 40년 후에는 15만 명에 이르고, 그 일부의 학생은 부모님이 모든 경비를 내고 있다. 처음부터 그것은 중국 경제의 발전을 반영한 것이었지만, 더 근본적으로는 유학을 희망하게 되었다는 사실이다.

사람 관계·네트워크

세계로부터 학생이 모여드는 미국에서는 대학에 따라 학생의 3분의 1 정도가 외국 출신이라는 것은 신기하지 않다. 그러나 미국뿐만 아니라 유럽에서도 일본에서도 그리고 중국에서도 외국인 학생의 수는 계속 증가하고 있다. 이것은 무엇을 의미하는 것인가?

그것은 외국에 나가 세계 각국으로부터 온 학생이나 학자를 만나 서로 배우는 것, 그리고 평생의 유대관계를 쌓는 것이 귀중한 체험이라고 여기기 때문이다. 취직할 때는 국제 경험이 도움이 되는 것은 말할 것도 없고, 많은 나라의 사람들과의 유대를 통한 커뮤니티는 새로운 정체성 그리고 셀 수 없을 정도의 네트워크를 만들어 나간다. 그와 같은 유대관계, 넓은 의미에서 비국가 행위자들(Non State Actors)이 다수 생겨난다면, 국경을 초월한 상호 이해의 촉진도 가져올 것이다.

그러한 의미에서도 유럽에 존재하는 '에라스뮈스 제도'나 '유럽 대학센터'는 귀중한 실험이다. 전자는 EU 학생이라면 유럽의 어느 대학에서도 학점을 취득할 수 있는 제도로, 후자는 EU 각국으로부터의 학생을 한 장소에 모아 대학원 수준의 학습을 시키기 위하여 피렌체 교외에 세워진 조직이다. 세계의 다른 지역에서도 똑같은 제도가 만들어지기를 기대하고 싶다.

그렇지만 그렇게 하기 위해서는 세계의 식자율이 100%에 가깝지 않으면 안 된다. 21세기 초가 되면 중국, 인도네시아, 멕시코, 남아프리카 등도 착착 그 수준에 이르게 되었다. 그러나 한편으로 대다수의 아프리카 여러 국가나 이란, 인도 등에서는 아직 낮은 수준이다. 그와 같은 상태가 변화될 때까지는 수준이 높은 글로벌한 규모의 지적 교류는 실현되지 않을지 모른다.

그러나 그 반면 21세기에 접어들어서부터 정보 기술의 혁신은 교육이나 유학의 개념을 바꿔 버린다는 기세로 나가고 있다. 어느 나라의 대학 강의가 인터넷에 의해 세계에 받아들여지게 되면, 일부러 멀리 외국까지 가지 않더라도 만족(해결)하게 된다.

동시에 초등교육에서도 온라인 수업이 각지에 침투하면 그것만으로 세계 전체의 지적수준도 향상이 기대된다.

그와 같은 인터넷을 통한 유대관계는, 사람과 사람이 직접 만나는 것과는 다르다. 외국의 환경에서 교수와 학생과의 직접 대인관계로부터 배우는 것은 인터넷에 의한 것보다 훨씬 '인간적'일 것이다. 그러나 더 많은 사람들이 같은 강의를 듣고 정보나 사고방식을 공유하는 것도 상호의존적인 세계를 구축하는 데 커다란 역할을 하지 않을까? 쌍방향의 방법을 통해 환지구적인 유대관계가 구축되어 가는 것을 바라고 싶다.

3. 하이브리드의 세계

원래 우리들은 모두 혼혈아

지구에서 살아가는 70억 인간이 이주, 여행, 유학 등을 통해 직간접으로 접촉하게 되면, 그와 같은 사람들이 구축하는 세계는 서서히 하이브리드, '혼혈적'인 것으로 되어 갈 것이다.

트랜스내셔널한 움직임이 지속되고, 글로벌한 수준에서 사람들끼리의 접촉이 한층 밀도를 증가시켜 간다면, 인류도 여러 국가도 혹은 문명도 그것만으로 '순수'한 것이 없어져 버린다. 이것도 세계사의 커다란 흐름이라고 말할 수 있다.

사실 100년 전의 세계와 비교하면 오늘날의 인류 사회는 더 혼혈적이고 잡종적이다. 혼혈이라든가 잡종이라 말하여도, 생물학적으로 이러저러한 인종이 혼합하여 자손을 만들어 간다는 것만은 아니다. 식사, 주택, 생활양식으로부터 음악, 회화 나아가 학문에 이르기까지 브랜드 혹은 퓨전이라고 불리는 것 같은 '순혈'이 아닌 것이 만들어진다는 것이다.

원래 '순혈'로 되는 것이 존재하였는가 어떤가는 의심스럽다. 인류의 역사가 접촉이나 교류가 반복되는 이상 100% 다른 사람과 몰(沒)교섭 상태로 수세기에 걸쳐 자신들만의 그룹으로 살아온 인간 집단 등, 거의 어디에도 존재하지 않았을 것이다. 실제 DNA 분석을 사용한 연구에 의하면 현재 세계에 살아가는 사람들은 모두 유전적으로 연결되어 있고, 아프리카의 선조를 공유하고 있다고 한다. 우리들 모두가 '혼혈아'이다.

19세기 후반 유럽과 미국에서 인종론이 한창이었고, 혼혈을 피해 순수한 '혈통'을 지키려는 의사(擬似) 학설이 유행한 것도, 당시의 문화 인종학자가 민족 단위의 고유한 전통에 흥미를 가졌으므로 그러한 의미에서 인류의 본질에 대한 과도기적인 오해를 보여 준 것이었다. 당시 글로벌화가 시작되고 세계 각지의 연계가 종래보다 증가하여 진행하였으므로, 이러한 현상에 대한 심각한 불안감을 반영하였을 것이다.

다민족, 다문명의 접촉이 계속되면 아주 우수하다고 여겨졌던 백색 인종의 순혈성이 침범되어 전 세계가 혼혈화되는 것이 아닌가? 그와 같은 가능성에 대한 위기가 황화론(黃禍論)을 낳는다. 그것은 이미 멈춰지지 않는 움직임에 브레이크를 걸려고 하는 것으로, 역사의 움직임에 어긋난다는 것은 확실하다.

1930년대 나치 독일에서 인종정책과 그 극단적인 모습으로서 유대인의 박해도, 유대인의 대부분이 국가의 사회에 용해되고, 경제 활동을 행하고, 문화면에서도 적극적인 활동을 하였다는 것에 대한 '순혈' 민족(말하자면 아리아 민족)의 반동이며, 일본에서는 '야마토(大和) 민족' 우월주의와 상통하는 것을 갖고 있었다.

나아가 식민지에서 '모국인'과 '현지인' 사이에서 태어난 어린이를 차별하기도 하고, 미국의 각 주에서 백인과 유색인종과의 결혼을 법률로 금지하기도 한 것도 전 세계에서 교류나 연계가 진행하는 역사의 움직임에 역행하려고 하는 몸부림 같은 것이었다.

말하자면 19세기 후반부터 20세기 전반에 걸쳐 현저하게 된 '순혈주의'나 극단적인 인종 배척은 원래 글로벌화의 흐름과 모순되는 것으로, 역으로 말하면 당시의 글로벌화는 반글로벌주의의 요소도 가지고 있었던 것이다. 거기에 비하면 현대의 글로벌화에서는 사람과 물건의 교류가 활발해지고 있다.

불가역적인 흐름

그렇지만 인종 차별과는 별도의 차원에서 문화의 독자성을 강조하는 입장은 현대에도 남아 있다. 자신들의 사회나 문화는 고유한 것으로 다른 사람은 흉내 낼 수 없는 것이라고 자랑한다. 그와 같은 자랑이 국가의 차원에까지 높아지면 배타주의, 국수주의로 흐를 수밖에 없다. 그와 같은 생각이 복고사상, 보수사상 등과 연결될 경우도 자주 있지만, 그것도 세계 각지의 거리가 좁아져 국가와 국가 사이의 구별이 점점 어렵게 되었다는 것에 대한 반동이라고 말할 수 있다.

그러나 실제로 글로벌화는 당연한 것이면서도 사회, 문화, 인종 등의 울타리를 초월하는 연계를 가져온다. 그 결과 잡종적인 생활양식, 사물을 보는 방식 혹은 인간이 탄생하는 것은 경이로운 것에 불과하다. 메이지 유신 이래 서양의 문물을 수입하여 국내의 전통적 문화와 공존, 그리고 융합시켜 온 일본에서는 그것은 상식적인 것일 것이다. 그와 같은 세계 유수의 잡종적인 국가에서 현재에도 극단적인 배외의식을 품고 있는 것은 스스로의 무지를 과시하는 이외의 아무것도 아니다.

현대 세계의 각 지역에서도 메이지 이후의 일본과 같이 점점 혼혈화되어 가고 있다. 물론 그와 같은 변화를 완강히 거부하는 사회도 있다. 시민이나 외국과의 교류를 제한하기도 금지하기도 하는 독재 국가나 자신들의 교의(敎義)를 지키며 다른 종교의 영향을 철저하게 거부하려고 하는 종파도 여전히 존재한다. 다른 인종이나 동성애자 등에 대한 편견이 약해지려면 아직 많은 시간이 필요할지도 모른다.

그러나 인간끼리의 연계, 통합, 혼합으로 향하는 방향성은 변하지 않을 것이다. 글로벌한 세계란 그와 같은 것이기 때문이다.

미국 사회의 하이브리드화

나 자신 과거 60년간 미국에서 생활하고 이 나라가 점점 하이브리드화(혼혈적으로)하였다는 것을 실감하고 있다. 그것은 일상생활에서도 혹은 문화면에서도 교육이나 학문에 있어서도 같다.

예를 들면, 서로 다른 인종 간의 결혼은 신기하지 않다. 미국 정부가 10년마다 실시하는 인구 조사에서도 '백인', '아프리카계', '아시아계' 등의 구별 이외에, '복수' 혹은 '다인종'에 속한다는 카테고리도 추가되었다(2010년에는 3억을 넘는 미국 총인구 가운데 약 3%인 900만 명은 둘 이상의 다른 인종 출생이었다).

나의 둘째딸 남편은 아일랜드계 미국인이므로 이전의 인구 조사에서는 손녀딸은 '백인계'와 '아시아계'의 어느 쪽을 선택하지 않으면 안 되었지만, 현재는 당연히 복수의 카테고리에 들어가 있다. 그리고 40년 전 그 딸이 통학하고 있을 때와 비교해 보면, 손자 둘이 다니는 학교에서는 그와 같은 '다인종'계 학생이 신기하지 않다.

나아가 현저한 것은, 식사 등 일상생활에 아주 가까운 것에도 있다. 60년 전에는 미국의 대학식당이나 가정에서도 '미국 메뉴'로 불리는 요리가 있었다. 아침에는 반드시 오렌지 주스나 콘플레이크, 토스트가 나왔으며, 점심은 샌드위치, 밤에는 비프스테이크나 포테이토와 같은 패턴이었다. 지금은 이와 같은 메뉴는 세계의 어디에서도 볼 수 있는 것이 되었으며, 역으로 미국의 식탁은 종류가 바뀌어 매우 잡종적인 것으로 되고 있다.

평균적인 가정의 식당에는 일본의 두부, 식초, 간장 등이 상비되어 있고, 외식하려고 하면 중국, 인도, 멕시코 등의 음식물이 프랑스, 이탈리아 요리와 똑같이 어디에서도 넘치고 있다. 예전에는 핫도그나 햄버거로 대표되는 '미국 요리' 레스토랑에서도 오늘날에는 국제적으로 풍부한 것을 메뉴로 내놓고 있다.

나와 아내가 지내고 있는 고령자 주택에서도 거주하는 사람들의 대부분이 80세 이상으로, 즉 유년 시대나 청년 시절을 음식의 글로벌화 이전에 생활한 미국인임에도 불구하고, 매일 식사의 메뉴에는 멕시코풍이나 인도풍의 요리가 자주 나오고 있다.

이것은 미국뿐만 아니라 세계의 어디에 가도 볼 수 있는 현상이다. 예를 들면 우리 부부는 매년 여름이 되면 캐나다의 토론토 근교에 있는 스트랫포드(Stratford)에 1주일 정도 여행 가는 습관이 있다. 이와 같은 작은 마을에도 30년 정도 전과 비교하면 식생활이 크게 변화해 왔다는 것을 알 수 있다. 지금은 인도, 태국, 베트남, 일본 등의 레스토랑이 이전부터 있던 이탈리아나 중화요리점과 나란히 번성하고 있다. 더구나 하물며 런던, 파리, 뮌헨과 같은 유럽의 대도시에서의 식사가 매우 다양화, 혼혈화하고 있다는 것은 말할 필요 없다.

예술의 세계에서 일어나고 있는 혼합

문학, 미술, 음악 등의 세계에서는 더욱 더 심하게 혼합, 잡종화하는 경향이 있을 것이다. 그것은 다만 외국의 소설이 번역되어 읽히는 것 같은 수동적인 것에 머무르지 않고, 자국어로 써진 것도 여러 외국과 교류한 결과, 그 영향으로 종래와 비교하면 훨씬 잡종화되어 왔다는 것이다.

현대 영국에서 아주 폭넓게 읽히고 있는 소설가의 한 사람인 세바스챤 포크스(Sebastian Faulks)의 베스트셀러『12월의 일주일간(A Week in December)』(2008)은 9·11 테러 이후의 심리상태를 분석하고 있지만, 그것은 영국에 머무르지 않고 세계의 어디에서도 통하는 현상이며 그 가운데서 묘사되는 런던에는 아프리카계, 아시아계 등이 백인 사회와도 교류하면서 혼거하고 있다. 이것도 세계 각지에 적용되는 현상이다.

회화나 음악 등의 작품도 그것을 낳은 예술가의 국적과는 관계없이 현대를 살아가는 인간의 작품이라고 말하는 것이 좋을 것이다. 영국의 지휘자가 이끌고 있는 독일의 오케스트라로 중국 출신의 피아니스트가 연주하는 등 일상다반사이다. 미국의 『타임』지가 2011년 추천한 '세계의 베스트 20 오케스트라'의 상임지휘자의 반수 이상은 외국 출신이었다. 이스라엘과 아랍인을 포함하여 하나의 오케스트라를 구성하고 해외에서 연주 활동을 하고 있는 아르헨티나 출신의 다니엘 바렌보임(Daniel Barenboim)과 같은 예술가는 현대 세계의 흐름의 하나를 상징하고 있다고 말할 수 있을지도 모른다.

물론 예술의 세계에서 혼혈화가 진행하고 있기 때문이라고 말하더라도, 정치적인 경계로서의 국경이 간단히 없어지는 것은 아니다. 혼혈보다는 배타적 순혈주의를 좋아하는 세력이 여전히 영향력을 가지고 있다는 것은 바렌보임의 노력에도 불구하고 중동 문제가 조금도 개선되지 않고 있는 것에서도 엿볼 수 있다.

그러나 그와 같은 예는 시간이 지나면서 예외적인 것으로 되는 것이 아닌가? 역사의 방향성으로 모든 인간은 문화적 교류의 산물이라는 인식이 높아져 간다고 생각한다.

세계의 사람들이 착착 잡종화, 혼혈화하는 데 따라 혈통이라든가 전통이라고 말하는 것은 중요성이 점점 감소해가는 것은 자연스러운 추세이며, 이윽고 사회, 문화, 국가 등은 모든 존재가 자신과 타자를 구별하는 경계를 해체하고, 하나의 지구라는 정체성만이 남을 때가 올지도 모른다.

그러나 지구에서 생존하는 것은 인간만이 아니다. 동물도 식물도 나아가 대기도 하천도 동시에 존재한다. 따라서 지구를 인류만의 정체성의 장소로 다루는 것은 잘못이다.

그와 같은 발견이 중요한 의미를 갖게 되었던 것도 최근 수십 년간의 커다란 특징이다. 다음 절에서는 이 주제를 다루고 싶다.

4. 혹성의식과 환경 문제

혹성惑星의식

지구는 넓은 우주에 있는 하나의 혹성에 불과하다고 한다. 말하자면 혹성의식(Planetarity)이 높아져 가는 것도 현대사의 특징이다. 지구는 태양을 둘러싸고 있는 별 중의 하나라는 발견은 갈릴레오까지 거슬러 올라가지만, 그 사실이 지구에서 생존하는 모든 것과 연계되어 생명공동체와 같이 생각하게 되는 것은 비교적 최근의 현상이다.

구체적으로는 미국의 우주비행사가 처음으로 달에 도착한 1969년 그리고 스톡홀름에서 제1회 유엔 인간환경회의가 개최된 1972년까지 거슬러 올라가 생각하는 것이 좋다. 두 가지 모두 우주 가운데 공생하는 인간과 자연 환경이라는 인식을 명백히 해준 것으로, 그 이후의 역사관, 인간의식에도 많은 영향을 미쳤기 때문이다.

인간으로 닐 암스트롱이 달 표면에 첫발을 디뎠을 때 "이 것은 한 사람의 인간에게는 작은 한 발이지만, 인류에게는 커 다란 비약이다"라고 말하였다. 그의 달 표면 착륙을 텔레비 전으로 본 세계 사람들은, 그의 말 그리고 지구를 처음으로 밖에서 본다는 새로운 체험에 감동하였을 것이다.

암스트롱과 또 다른 우주비행사는 "우리들은 평화를 위하 여 그리고 전 인류를 대표하여 달에 드디어 왔다"라는 메시 지를 담은 기념비를 놓고 지구로 돌아왔다. 그 지구가 정말 푸르렀다. 그리고 그곳에 보이는 것은 산과 강, 대륙과 해양 뿐이었으며, 국경 등은 없었다고 전하는 말은 새로운 세계관, 인류관의 도래를 보여 주는 것이었다.

'플래닛 어스(Planet earth)', 즉 '살아있는 지구(혹성의 하나로 서의 지구)'라는 이미지가 초래한 것은 '혹성의식(惑星意識)'이 라고 불리는 견해이지만, 그것은 하나의 국경에 의해 분단된 인류가 아니라, 같은 별에서 생존하고 같은 우주에 의존하는 것으로서의 인간이라는 생각으로 연결된다. 그것은 '인류는 하나'라는 글로벌화가 진행하는 과정에서 높아진 견해를 재 인식시키는 것이었다.

혹성의식은 이미 설명한 것처럼 인권운동의 고양과 함께 합류하고 국경을 초월한 트랜스내셔널한 활동을 한층 진행하게 된다.

물론 그와 같은 노력에도 불구하고 세계 각지에서 여전히 인권이 억압되고 국가 간의 대립이 보이는 것은 혹성의식이 철저하지 못하다는 것을 말해 주고 있지만, 여기까지 겨우 다다른 세계가 그 이전의 세계로 역행하는 것은 있을 수 없을 것이다.

환경도 역사의 대상

역사가 사이에서 최근 환경사라고 이름붙일 수 있는 분야가 아주 빠른 속도로 발전해 왔다. 인간과 자연의 관계 혹은 희귀 동식물의 보호와 같은 주제는 종래 역사 연구의 한쪽 구석에 버려져 있었지만, 1990년대 이후 지구사(地球史) 혹은 우주사(宇宙史)라고 불리는 분야까지 학문의 대상으로 삼아 중요도를 증대시켰다.

그것은 자연과 인간의 교류를 무시해서는 인류의 역사를 이해하기 어렵다고 생각되었기 때문이다. 글로벌한 의식 고양을 여기에서도 볼 수 있다.

내가 편집하고 2013년 말 미국과 독일에서 동시 간행된 『상호 의존의 세계(Global Interdependence)』라는 책은 1945년 이후 세계사를 추적한 것이지만, 이 책을 구성하는 5개의 장 가운데 하나는 자연 환경이나 에너지 문제의 분석을 주로 다루고 있다. 지금 그와 같은 '혹성의식' 없이는 세계사를 이해할 수 없다.

혹성의식은 동식물이나 자연 환경 등도 같은 혹성에 존재하는 것으로, 인간과 함께 공생 공존해 가지 않으면 안 된다는 인식과 연계된다. 인간은 자신들이 존속하고 '인간다운' 생활을 영위할 권리뿐만 아니라 동식물이나 대기, 바다, 하천의 '권리'를 인정하고 그 존속을 지키는 의무도 지고 있다는 생각이다.

동식물 보호운동은 세계 각지에서 아주 오래 전부터 존재하였다. 유럽과 미국에서는 20세기 초부터 많은 희귀 동식물이 절멸위기에 직면하고 있다고 지적되면서, 밀렵 금지나 자연공원의 설립 등을 통해 적어도 많은 종을 보존시키려고 하였다. 그와 같은 움직임은 예를 들면, 태평양 서북 지방에서 희귀한 새나 물고기를 보호하기 위한 국제조약이나 아프리카의 코끼리를 보호하기 위하여 상아의 밀매를 금지하는 결정 등을 가져왔다.

20세기 후반에는 자연보호단체가 NGO 가운데서도 특히 적극적인 활동을 행하게 되었다. 예를 들면, 일본이나 노르웨이에 의한 포경에 대해 일찍부터 항의운동을 시작하였다. 포경의 권리를 지키려고 하는 일본도 다른 희귀 동물, 예를 들면

따오기나 판다 등의 보호에 관하여 적극적으로 활동해 왔다.

고도 경제 성장과 공해 문제

일부 동식물을 절멸로부터 보호하는 것만이 아니라, 대기와 물도 인간을 포함하여 모든 생물에게는 건전한 환경을 만들려고 하는 운동의 계기가 된 것은, 1960년대 이후의 고도 경제성장이다. 선진 여러 국가가 경제 확장기에 접어든 이 시기에 공업화나 도시화가 급속하게 진전되고 그 결과 공기나 하천의 오염이 문제되게 되었다.

역사가 존 맥닐(J. R. McNeill)에 의하면, 1960년대 런던 템스 강의 오염으로 사망한 사람의 수는 제2차 세계대전 중 독일 공군의 폭격으로 생명을 잃은 사람의 수보다 많다고 한다. 같은 시기 도쿄에서도 스미다 강이 오염되기도 하고, 대기가 오염되어 길을 마주한 건너편 건물이 보이지 않았던 것을 우리들은 잘 기억하고 있다.

그와 같은 사실에도 불구하고 환경오염에 대한 이해나 대책은 각국 정부도 국민도 매우 뒤떨어졌다. 그와 같은 것은 1950년대 발생하였다. 일본의 '미나마타 사건(水俣, 수은중독)'이 잘 보여 주고 있다. 질소비료를 만드는 회사가 사용 후 수은을 바다에 흘려보내고, 그 바다에서 잡힌 생선을 사람들이

먹어 생명을 빼앗기고, 혹은 신체적인 장애가 있는 아이를 출산 하는 사실이 있었음에도 불구하고, 기업도 정부도 대책이 매우 늦었다. 피해자에 의한 소송은 현재도 계속되고 있다.

그러나 도시나 공업 지대뿐만 아니라 농촌에서도 환경오염이 보이기 시작한 것은 이미 1962년 미국에서 레이첼 카슨(Rachael Carson)이 『침묵의 봄(Silent Spring)』이라는 책에서 경고하였다. 그녀의 말을 빌리면 유사 이래 인간과 자연과는 상호의존적인 관계에 있고, 그 관계가 생태계(에코시스템)를 만들어 냈지만, 20세기 중반이 되어 DDT와 그 이외의 농약이 사용되고 혹은 1년간 다작을 가능하게 하는 생산 촉진제가 보급된 결과, 이 균형이 깨지기 시작하였다. 한 번에 에코시스템의 균형이 깨지고 원래 상태로 복구되는 것은 지극히 어려운 일이라고 그녀는 설명하였다.

우연히 비슷한 것으로, 베트남 전쟁에서 미국이 독약 속칭 '에이전트 오렌지'라고 불린 다이옥신을 삼림과 논밭에 살포하여 그 결과 자연뿐만 아니라 인간까지도 오염되어 버렸다. 나중에 역사가가 '환경 파괴(ecocide)'라고 불렀던 행위이다. 독가스의 사용을 금지하는 국제조약은 20세기 초 이미 체결되었지만, 인간과 자연에 대해 과혹한 피해를 끼친 핵무기나 화학·생물무기에 대한 국제적 약속이 없었다.

전 세계의 관심과 희망이 각국을 움직인다

이러한 상태에 대해, 1960년대 이후 자연 환경을 보호하기 위한 NGO가 조직되기 시작하고, 그것은 아주 단기간에 글로벌한 운동이 되었다. 그리고 각국 정부뿐만 아니라 유엔도 움직여 지구 전체를 대상으로 환경 대책을 만들기 위하여 개최된 것이 1972년 스톡홀름 회의였다.

이 회의는 제1회 '인간환경회의'라고 이름 붙여진 것으로부터 알 수 있듯이, 인간에게 자연 환경은 아주 필요로 한 것이라는 것, 따라서 환경 보전과 보호는 인류에게 매우 중요한 명제라는 인식을 반영하였다.

이 회의에는 각국 정부의 대표만이 아니라 각종 환경 보호단체도 비공식적이지만 참가하였다. 1945년 봄 역시 많은 NGO가 참가한, 샌프란시스코에서 열린 유엔 창립회의를 생각나게 한다. 전 세계의 관심과 희망을 반영하였다.

같은 1972년 미·소 간 전략무기제한 합의가 있었고, NATO와 바르샤바 조약기구 가맹국이 헬싱키에서 회의를 개최하고, 그것이 3년 후 헬싱키회의에서 인권선언을 채택하는 계기가 되었다는 것을 상기한다면, 1970년대 초부터 국제사회의 관심이 점점 평화, 인권, 환경과 같은 트랜스내셔널한 방향으로 진행되었다는 것을 이해할 수 있을 것이다.

환경 정책의 딜레마

스톡홀름 회의에서는 그 다음 해부터 유엔 환경 프로그램을 작성하여, 각국이 대기나 하천의 오염에 대해 적절한 대응을 취하도록 결정되었다. 환경보전이 전 세계적인 명제가 된 것으로 그 이후 오늘에 이르기까지 국제회의나 협정을 통해 필사적인 노력이 이루어졌다.

예를 들면, 유럽공동체나 북미자유무역협정 등은 가맹국이 협력하여 깨끗한 공기, 삼림, 바다, 하천 등을 회복시키기로 결정하였으며, 1997년 교토에서 개최된 국제환경회의에서는 지구 온난화를 방지하기 위하여 구체적인 목표도 채택하였다.

그렇지만 현실적으로는 그와 같은 트랜스내셔널한 노력에도 불구하고, 서명은 했지만 목표달성을 향해 유효한 수단을 취하지 않는 국가도 생겨났다. 미국, 러시아, 중국과 같은 대국은 처음에는 교토의정서에 서명하는 것조차 거부하였다. 3국은 세계에서 최고로 이산화탄소를 대기에 방출하고 있고, 1990년에는 세계 방출량의 50%를 넘는 정도였다. 이러한 3국의 참가 없는 환경협정은 매우 불충분한 것이라고 말하지 않을 수 없다. 그러나 그럼에도 불구하고 교토의정서의 서명국 대부분이 정한 방침을 관철시키려고 한 것은 특별히 중요시할 만한 가치가 있다.

국제적인 환경 정책에 관하여 처음부터 또 하나의 커다란 문제가 있었다. 그것은 제3세계 말하자면 개발도상국의 대응이었다. 선진국이 오염 대책에 많은 주의를 기울였을 때, 앞으로 성장하려고 하는 아시아, 중·근동, 아프리카 등의 여러 국가들은 국제적인 환경 정책에 의해 여러 가지 구속을 받지 않을까 염려하였다.

경제성장이 우선인가 혹은 환경 보호가 우선인가라는 딜레마는 1970년대부터 오늘에 이르기까지 계속되고 있다. 이러한 두 가지의 목표를 동시에 추구하기 어려운 것인가의 문제를 놓고 유엔 등에서 논의한 결과 타협안으로 생각해낸 것이 자연 환경 보전의 가능한 틀 속에서 경제 발전, 영어로 말하면 Sustainability(지속 가능한) 개념이다.

1980년대 유엔 등에서 추진된 지속 가능한이라는 생각은, 말하자면 자연을 보전(sustain)할 수 있는 범위에서 개발도상국의 경제성장을 원조하는 것이었다. 그 근저에 있었던 것은 글로벌한 세계에서 모든 사람들이 최저한의 생활수준이 보장되고, 그럼에도 불구하고 자연환경도 지켜 나가도록 하기 위해 어떻게 하면 좋을까라는 문제의식이었다.

물론 모든 국가가 그와 같은 방침을 받아들이고 실행에 옮겼다는 의미는 아니다. 중국 등에서는 세계 최대의 경제 성장률을 추구하고 있으므로 대기나 하천 오염도 심하여 인체에 위해를 가져다줄 정도다. 공장시설이나 자동차의 보급으로 베이징의 공기가 더러워지고 많은 사람들이 마스크를 착용하고 외출하는 모습은 현대 세계의 환경 문제의 상징과 같은 것이 되었지만, 물론 그것만은 아니었다. 중국 북부의 농촌이나 도시에서 없어서는 안 될 물을 고대부터 제공해 온 황허(黃河)는 해안에 이르기 전에 말라 버렸다. 한편으로 장강도 충칭(重慶) 근처에서 오염이 심해, 안심하고 사용할 수 있는 물 공급이 매우 심각한 문제의 하나가 되고 있다. 중국이 지속 가능한 발전 정책을 취할 것인가 말 것인가는 인류의 장래를 결정하는 요인의 하나라고까지 말하고 있다.

5. 에너지 문제

오일 쇼크는 무엇을 보여 주었는가?

환경오염 문제와 관련하여 심각해진 것은 에너지 문제이다. 오래 전부터 인간은 무엇을 하든 간에 바람, 불, 물, 그리고 그와 같은 자연의 힘을 사용하여 전기 에너지에 의존해 왔다.

그러나 현대에서는 세계 각국의 경제 발전이 예전에 없을 정도의 에너지를 필요로 하기 때문에, 석탄, 석유, 천연가스와 같은 에너지원(源)이 고갈되어 가고 있어, 이것을 단시간에 재생하기 어렵기 때문에 그것을 대체할 에너지를 찾지 않으면 안 된다. 현대 세계의 하나의 특색은 대체 에너지에 대한 탐구이다.

통계적으로 20세기 초부터 중엽까지 각국, 각 기업 혹은 모든 가정이 필요로 하는 수력·화력·전력 에너지는 세계에

충분히 존재하였다. 1900년부터 1970년대에 이르기까지 세계 전체의 경제 성장률과 사용 가능한 자연 에너지의 공급률의 증대와 맞아떨어졌다.

그런데 1970년대에 접어들어 커다란 변화가 생겼다. 하나는 그때까지 경제 선진국의 중요한 에너지원이었던 중·근동의 석유가 1973년부터 74년에 걸쳐 OPEC(석유수출국기구)에 의해 가격이 크게 인상되고, 동시에 네덜란드, 일본, 미국 등에 공급 할당량을 삭감하기도 하였다. 그러한 결정은 1973년 가을 중동전쟁(이스라엘 대 이웃 아랍 국가)으로 유럽과 미국이 이스라엘을 지지하였다는 이유로 보복이 있었으며, 그것은 국제 경제와 국제 정치에 많은 영향을 미쳤다. 나아가 OPEC은 1979년 두 번의 석유가격 인상을 단행하여, 에너지 문제를 한층 심각하게 하였다.

중·근동으로부터 원유는 20세기 초부터 산업용뿐만 아니라 자동차 가솔린과 그 이외의 용도로 다양하게 쓰였다. 석유수출국으로서 외화 획득의 중요한 수입원이었다. 그 석유의 가격이 인상되고 공급량이 삭감되었다는 것은 선진 여러 국가뿐만 아니라 그 이외의 여러 자원 부족 국가에게도 커다란 타격이었다.

1970년대의 석유 위기는 세계 각지의 관계와 상호의존성을 새삼스럽게 보여 준 것이었다. 원유 가격 인상은 수입액의 급격한 상승을 초래하고, 그때까지의 고도성장을 지탱해 온 국제 경제 발전에 브레이크를 걸어 버렸다. 경제 성장률이 제로(zero), 나아가 마이너스로까지 하락한 국가에서 물가는 내리지 않았기 때문에 불경기와 인플레이션이 동시에 발생하는 상태가 되어 버렸다.

역으로 비싼 원유 수출로 윤택해진 중·근동 여러 국가에서는 말하자면 '오일머니', '오일달러'라고 불리는 외화가 넘치기 시작하였고, 그 자금으로 유럽과 미국의 부동산이나 회사를 매입하는 현상도 나타났다.

환경 문제와 에너지 문제의 중복

앞으로 에너지원을 어디에서 찾을 것인가? 석유 대신 자원이라고 하면 종래부터 이용되었던 석탄이나 수력에 더해 네덜란드 등에서 발전한 풍력발전 등도 당연히 생각되었지만, 그것 이외에도 대체 에너지가 필요하다는 것이 확실해졌다.

대체 에너지의 탐구는 국제 사회 전체의 요구이며 그러한 탐구는 오랫동안 계속될 것이다. 그렇지만 현대 자연 환경에 대한 관심도가 높기 때문에 어떠한 자원이라도 좋다는 의미는 아니다. 석유는 비교적 깨끗한 자원이라고 말하지만, 2010년 미국의 멕시코 만 연안에서 발생한 브리티시 페트롤

리움(BP, British Petroleum)의 공장 파손으로 원유유출 사고가 인체나 해양 생태계에 많은 피해를 초래한 것처럼, 충분한 안전성이 있다고 말할 수 없다.

에너지원으로서 원자력의 중요성과 문제점은 그러한 의미에서도 현대 세계를 상징하는 것이다. 일본에 투하된 원자폭탄이 당시 생각하지도 못했던 것과 같은 에너지를 방출한 것도, 그리고 동시에 대규모의 사상자를 내고, 공기나 하천에 심각한 오염을 가져왔다는 것은 1945년 당시부터 주목되었다.

'원폭의 아버지'라고 불리면서 후에 수소폭탄 개발에 비판적이었던 존 로버트 오펜하이머 박사가 기록한 것처럼, 처음으로 핵무기가 사용된 시점에서 "모든 시간이 멈추었다." 그로부터 인류는 아주 새로운 가능성과 위기에 직면할 것이라는 의미였다.

원자력이 에너지원으로 사용되는 것은 당시부터 알려졌으며, 1956년 유엔에서도 '핵에너지의 평화적 이용'을 위하여 '원자력에너지위원회'를 설립하였다. 핵무기도 원자력 발전도 원리는 같은 것으로 핵분열에 의해 생긴 엄청난 양의 에너지를 이용하려는 것이었다.

1960년대에 접어들기까지 핵무기 개발을 진행한 국가에서는 공중 및 지하에서 핵실험이 계속되었고, 미국은 네바다주나 태평양 상공에서 핵실험을 실시하였다. 그와 같은 실험이 인체뿐만 아니라 생태계에 이르기까지 미치는 피해도 대부분은 기밀로 되어 있었던 것임에도 지구 각지의 사람들이 알게 되었다. 특히 태평양의 비키니 산호초섬에서 1950년대 실시한 실험에서 '죽음의 재'로 피해를 입은 사람이 있고, 60년이 지난 현재에도 후유증에 몹시 시달리고 있다.

다른 한편, 평화적으로 이용되는 핵에너지는 인류에게 혜택을 가져온다는 생각도 뿌리 깊으며, 유엔에서도 핵무기의 삭감이 시도되는 등 원자력의 평화적 이용은 추진되어 왔다. 다만 중·근동 등으로부터 충분한 양의 원유가 공급된 단계에서 핵에너지를 개발하고 채용하는 것은 프랑스 등 일부 국가에 제한되어 있으며 원자력발전소도 1970년 이전에는 얼마 되지 않았다.

그러나 1970년대 석유 위기 이후 각국에서는 대체 에너지원 확보를 위하여 원자력발전소의 건설을 시작하였다. 그리고 20세기 말까지 단기간에 유럽, 북아메리카, 한국, 일본 그 이외의 국가에서는 에너지 사용량의 30% 정도를 원자력에 의존하기도 하였다. 그 결과 필연적으로 환경오염의 가능성도 높아졌기 때문에, 에너지 문제와 환경 문제는 더욱 증가하여 그 어느 때보다 부담이 되고 있다.

혹성이라는 틀 속에서

원자력 발전이 방사성 물질 확산에 의한 환경오염이라는 위험을 동반한다는 것은 이전부터 지적되었지만, 1980년대 그것이 현실적으로 되었다. 1986년 소련(현재 우크라이나) 국내의 체르노빌에서 발생한 사고이다. 체르노빌에 비하면 소규모였지만 비슷한 사고가 1979년 미국의 스리마일 섬에서도 발생하였다.

그리고 체르노빌 사고로부터 30년이 채 되지 않은 시기 일본의 후쿠시마 제1원전 사고가 발생하였다. 그 규모는 너무 커서 세계에 충격을 가져다주었으며 각 지역에서 원자력에 대한 반대운동도 심해졌다. 이러한 상황에도 불구하고 전력 공급 수준을 유지하기 위하여 원자력의 사용은 불가결하다는 생각도 뿌리 깊지만, 현 단계에서 원자력발전소의 완전 폐지를 결정한 국가는 독일뿐이다.

글로벌 시대에 국경을 초월하여 관계를 증가시킬 때, 정말로 전 지구적인 에너지 문제에 대한 국가별 대응이 행해지고 있는 것은 어쩌면 불가피하다. 그러나 동시에 국제원자력기구나 EU 등을 통해 가능한 한 각국 공통의 대책이 채택되도록 하는 노력도 이루어지고 있다는 것은 무시할 수 없다.

그와 같이 보면 혹성이라는 틀 속에서 현대사를 생각한다는 혹성의식(Planetarity)의 시각이 얼마나 중요한지 알 수 있다. 자연 환경도 에너지도 인류 전체, 세계 전체의 문제이다. 지속 가능한 발전도 에너지 확보도 지구에서 생존하는 동식물, 공기, 물 그리고 인간의 존재를 전제로 하고 있다. 모든 사람들 그리고 모든 생명이 공존하게 하는 최소한의 에너지를 확보하는 것은 가능할 것이다.

확실한 것은 그와 같은 문제가 인식되고 있다는 것 자체, 현대 세계가 1세기 전의 것이든 반세기 전의 것이든 관계없이 다르다는 것이다.

현대의 역사와 기억

　이상에서 살펴본 것처럼 현대 세계는 과거와 질적으로 달리하고 있다. 과거와 같이 몇 개 국가의 집합체로서 세계가 아니라 횡적으로 연계·혼합하여 '잡종적'인 문화나 생활양식을 만들어 내는 세계에 가까워지고 있다. 그와 같은 세계에서는 각각의 국가 이익이 아니라 지구 전체 인류 모두의 생존, 이해(利害), 복지 등을 생각하지 않으면 안 된다는 상황에 와있다.

　예를 들면, 유엔은 매년 4월 2일을 '세계 자폐증 인식의 날(World Autism Awareness Day)'로 지정하여 자폐증에 대한 이해를 충분히 하려고 하고 있다. 그리고 여러 가지 행사가 개최되고 있다. 거기에 있는 것은 자폐증이라는 현상이 세계 어디서나 존재하고 있다는 것, 그 결과 그것을 이해하는 것도 대응책을 생각하는 것도 전 세계적인 책임이라는 것이다. 물론 이것은 하나의 예에 불과하다.

　태아, 유아 때부터 고령자에 이르기까지 모든 연령 그리고 모든 질환이나 장애를 가진 사람은 어느 국가에 살든 간에 같은 인간이다. 국적이나 종교에 관계없이, 그들은 의학상의 정체성을 공유하고 있다. 신체장애자가 공간을 함께하여 장애인 올림픽(Paralympics)에 참가하는 것처럼, 그리고 지적장애자가 스페셜 올림픽(지적·자폐성 장애인들이 참가하는 국제경기대회)을 개최해 온 것처럼, 글로벌한 틀 속에서 만나고, 유대를 만들어 나가는 것이 가능해지고 있다.

　그럼에도 불구하고 '보통' 사람들과 '건강한' 사람들 사이에는 여전히 국가의 틀 속에 갇혀, '타자'와 '자신'을 구분하는 연습으로부터 빠져나오지 못하고 있는 것이 다수 존재하는 것은 왜 그런가?

　이것만으로 글로벌한 유대가 생기게 되고 트랜스내셔널한 문제의식이 높아갈 때 국가 중심주의나 배타주의에 의지하려고 하는 것은 역사를 후퇴시키려고 하는 것이다.

　최근 일본에서는 자국 고유의 전통을 존중하고, 국경을 지키고 외국이나 외국인의 영향을 감소시키려고 하는 움직임도 보이지만, 그와 같은 일국 중심주의가 과거에 성공한 적도 없으며, 한층 더 현대 세계에서는 통용되지 않는다는 것을 인식하여야만 할 것이다. 인류는 하나로, 다양성과 공통성을 공유하고 있고 자연과는 상호 의존관계에 있으며 사회와 문화도 시시각각 변화하고 있다는 것이 현대의 세계이다.

'장애인'과 '비장애인'의 공존공영, 국경을 초월하여 연계와 상호 이해, 글로벌한 규모에서 인류와 자연이 공유하는 미래. 이것만이 현대 인류가 문제제기 하고 있는 도전이며, 동시에 현대는 언제 시작하였는가라는 물음에 답하기 위한 열쇠를 제공해 줄 것이다.

즉 '현대'는 모든 사람들 사이에 그리고 인류와 자연 사이의 밀접한 연계가 인식되고, 그 인식에 기초한 생각이 일반화되고, 나아가 각종 활동으로 연계되기 시작하였을 때 시작되었다고 말할 수 있지 않을까?

그와 같은 연계가 언제 강화되었는지 역사가에 의해 이런저런 견해가 있다. 1970년대의 중요성을 강조하는 설도 있으며, 90년대의 움직임에 주목하는 사람도 많다. 이 책에서 예를 들고 있는 몇 가지 예가 보여 주는 것은 이러저러한 측면(NGO의 비약적인 발전, 환경에 대한 글로벌한 관심의 증가, 각종 인권을 보호하는 움직임 등)에서 1970년대가 가지는 의미이다.

그리고 1990년대가 되면, 글로벌한 세계, 트랜스내셔널한 세계가 도래하고 있다는 인식이 전문가 사이에서도 일반 사회에서도 나타나고 있다. 그러한 의미에서 1970년대부터 20

세기 말까지를 '현대' 세계의 개막이라고 말 할 수 있을 것이다.

그러나 '현대'는 이제 겨우 시작되었을 뿐이다. 앞으로 세계가 어떻게 변화할 것인가? 명확하게 예측하기는 어렵다. 그러나 지금까지 발전한 전 세계적인 연계의 끈을 끊는 것은 있을 수 없을 것이다. 연계의 역사를 역행시키는 것은 되지 않는다.

지금부터 세계는 현대사의 흐름에 따라, 좀 더 글로벌하게 트랜스내셔널한 연계를 가진 인간 사회의 건설 그리고 자연을 포함한 지구와 상호 의존적인 관계 확립을 목표로 할 것이다.

그렇기 때문에 세계의 모든 사람이 연계의 역사를 통해 현대사의 의미를 배우고, 거기까지 이르렀던 인류의 과거에 대해 '기억'을 공유하도록 하지 않으면 안 될 것이다. 개개인의 기억 혹은 국가 등의 집합적인 기억과는 별도로, 인류의 모든 종합적 기억이 있다면 그것을 기초로 지금부터 행방을 찾아가는 것도 가능할 것이다. 이 책에서 감히 현대 세계의 역사 해석을 시도한 것도 그와 같은 전 인류적 기억 만들기에 일조하고 싶다는 바람뿐이다.

물론 전 인류적인 기억이라 하더라도 영구불변하고 유일한 기억 등과 같은 것이 있다는 의미는 아니다. 원래 인간은 기억의 동물이다. 소설이나 희곡 등의 문학 작품을 읽어도 개인의 기억 혹은 집합체의 기억이라는 것이 어떻게 우리들의 인생을 좌우하고 있는 것인지 알고 있다. 미술이나 음악 작품에 대해서도 같은 말을 할 수 있을 것이다. 극단적으로 말하면 인간의 존재 그 자체도 기억의 산물이라고 까지 말할 수 있다. 따라서 현대 세계에 살고 있는 70억이라는 사람의 수만큼의 기억이 존재하고 있고, 게다가 그것은 항상 변화하는 것이다.

그와 같이 많은 기억 가운데 모든 사람이 공유할 수 있는 기억 등은 있는가? 물론 그것은 불가능하다. 그렇기 때문에 국가나 종교 등의 단체가 '집단적 기억'을 만들어 각 개인의 정체성의 기초로 하려고 하지만, 그와 같은 특수한 개체별 기억은 원래 전 인류의 기억은 아니다.

그러나 전 인류적인 기억이 존재하지 않는다 하더라도, 전세계의 역사라는 것은 확실히 존재한다. 따라서 모든 사람들이 공통의 기억을 갖기 위해서는 그들이 공유하는 역사, 서로 연계가 형성되어 온 과정을 '기억'하는 것이 바람직하다. 원래 역사와 기억은 별개의 것이다. 개개인의 기억은 가지각색으로 역사 자체를 변화시킬 수 없다.

일본은 한국과 중국 사이에서 종종 '역사 인식'에 대해 대립하고 있지만, '역사 인식'과 '역사 해석'을 혼동해서는 안 된다. '해석'이란 '기억'과 같이 개인(혹은 집단)이 각각의 것을 가지고 공통의 것을 끌어내기 어렵다.

그러나 '역사 인식'은 해석과 다르다. 과거에 대해서 기억이나 해석이 변화하기 때문이라고 말하더라도, 역사 자체가 그것에 따라 변화한다는 의미는 아니다. 무엇이, 언제 어디에서 발생하였는가라는 사실(史實) 그리고 왜 발생하였는가를 설명하는 것과 같은 환경은 나중에 억지로 바뀌지 않는다. 그 결과 그러한 사실(史實) 그 자체의 '인식'은 누구에게도 같은 것이어야 한다. 바꾸어 말하면 모든 사람들이 공유 가능하게 되는 것이다.

예를 들면, 최근 유럽에서 제2차 세계대전 중 독일에 의해 점령된 국가(프랑스, 벨기에, 네덜란드, 소련을 시작으로 많은 동유럽 국가)에 관한 서적들이 많이 간행되었다는 것을 알고 있을 것이다. 점령하의 국가에서 독일군에 어떠한 의미에서 '협력'한 것, 역으로 '저항' 운동에 참가한 것 혹은 다만 일상생활에 전념한 것에 따라 전쟁이나 점령의 기억은 다르지만 누가 어디에서 어떠한 행위를 하였는가에 대한 사실(事實)을 바꾸는 것은 전혀 불가능한 것이다. 그 역사적 사실(史實)을 조사한 뒤 독일, 프랑스, 네덜란드 등의 역사가는 점령의 역사에 대해서 많은 역작을 발표해 왔다.

그와 같은 역사서를 통해 당사자나 그 자손뿐만 아니라 세계의 사람들이 제2차 세계대전에 대한 지식을 깊이 있게 이해해 보면, 정말로 트랜스내셔널한 지적 공동체가 생기는 계기가 될 것이다.

유럽에서 그와 같은 움직임 때문에 EU는 문자 그대로 '기억을 공유하는 커뮤니티'라고 불리고 있지만, 같은 움직임이 세계의 다른 지역에서 있을 수 없다고 말하는 것은 옳지 않다. 예를 들면 아시아·태평양 지역에 살고 있는 역사가들 사이에 넓은 의미에서 '태평양의 역사'를 생각하는 움직임이 점점 두드러지고 있다. 미국과 캐나다를 포함해 나아가 오스트레일리아나 뉴질랜드 그리고 수천 개가 존재하는 태평양의 작은 섬들, 더 나아가 한국, 중국, 일본 등을 합친 역사의 흐름을 찾아가는 움직임도 있다.

이러한 노력이 성공하면 인류의 과반수를 넘는 '아시아·태평양'에서도, 공유하는 역사가 있게 될 것이다. 물론 그와 같은 역사는 모두 순조로운 것이 아니라 대립이나 전쟁의 기억이기도 하다. 그러나 그것만으로 한층 이 지역에 살고 있는 사람들이 공유하는 역사를 지역 공동체가 의지하는 것으로 만드는 것은 가능할 것이다.

그리고 지역 공동체적인 역사를 많은 인류가 공유하게 되면, 그것만으로 전 지구적인 네트워크를 확대하고, 글로벌화가 계속 진행되고 있는 세계를 한층 더 글로벌한 것으로 만들어 나갈 것이다.

그것은 매우 기뻐하여야 할 일이다. 일국 중심의 역사가 아니라 모든 사람들이 공유할 수 있는 역사를 배우는 것이 글로벌한 연계를 한층 밀접한 것으로 하기 위한 근본 조건이기 때문이다.

현대사를 배운다는 것은 그와 같은 유대관계를 강화하는 것 이외는 아무것도 아니다.

후기

2005년 출판된 『역사를 배운다는 것(歴史を學ぶということ)』 (고단샤 현대신서)에서, 나는 "역사를 대하는 것은 현재 시점에서 과거와 미래를 연결하려는 것이 아닐까"라고 기술하였다. 그로부터 10여 년 가까이 지나, 당시의 '현재'도 또한 '과거'의 일부가 되었다. 그러나 두 가지 모두 '현대' 세계의 움직임 속에서 다루어져야 한다는 것이 이 책의 출발점이다.

현대 세계의 흐름에 대해서는 정설이 존재한다는 의미는 아니다. 그러나 세계의 역사가가 먼 옛날의 과거만이 아니라, 특히 최근 현대 역사에도 관심을 보여 온 것은 흥미로운 현상이다. 나도 스스로 생각해 온 것을 가끔 언급하고 발표하였지만, 이번 고단샤의 가와지(川治豊成) 씨의 권유도 있어 일본어로 정리해 보기로 하였다.

일본에서 최근 근·현대사에 대한 관심이 높아가고, 정치 문제화까지 되고 있다. 제2차 세계대전 후 일본의 발자취가 현대와 연계되어 있다는 것은 확실하지만, 그것을 근본적으로 바람직스러운 현상으로 볼 수 있을 것인가? 반대로 '굴욕적'으로 '탈피'하여야만 하는가? 두 가지 시각 사이에 커다란 차이가 있다.

그러나 더욱 중요한 것은 일본 혼자만이 아니라 여러 국가, 나아가서 세계 전체에 현대 역사가 바람직스러운 방향으로 진행되었는가? 혹시 그렇지 않았는가? 현대 일본은 세계의 흐름에 따라 움직였는가? 그렇지 않으면 역방향으로 향했었는가? 그와 같은 글로벌한 시야를 갖지 않으면 역사 속에 고립되어 버리고 말 것이다.

이 책과 같은 작은 저서를 정리하는 데 참고한 연구서, 문헌의 양은 방대하다. 매일 직간접적으로 접촉하고 있는 세계의 역사가로부터 항상 자극받아 왔다. 일일이 이름을 열거하지 않지만, 국제적인 지적 커뮤니티는 현대의 아주 귀중한 존재의 하나이다.

전문가만이 아니라 다수의 사람들과 유대관계를 통해 내가 얻은 것은 무한하고, 이 책이 '관계(연계)'라는 현상을 특히 중요시하고 있는 것도 그와 같은 사람들에 대한 감사의 마음을 반영하고 있다. 그 가운데 나의 가족(아내, 장녀, 차녀 부부, 손녀딸들)과의 관계가 근본적인 것이라는 것은 말할 필요가 없다.

2014년 2월

이리에 아키라